まえがき

日本のイノベーションを象徴する企業の一つと言われながら、長く低迷期の続いたソニー（現ソニーグループ株式会社）が、ここにきて復活したと言われています。

この復活を象徴するのが、世界市場トップシェアを誇るＣＭＯＳイメージセンサーです。そのシェアは2位以下を大きく引き離し、世界市場規模は２００億ドル以上、今後も年平均5％を超える高い成長が見込まれています（２０２２年、Yole Intelligence 発表情報より）。これほど巨大かつ成長の速い市場で圧倒的に強い製品技術を日本企業が有するケースは、久方ぶりなのではないでしょうか。

ソニーのＣＭＯＳイメージセンサーが画期的だったのは、センサーの回路領域と画素領域を積層化してセンサーを極小化したことでした。これにより、多くのスマートフォンのカメラ機能で採用されました。

注目すべきは、ソニーはこの積層化を実現するために、必要な回路領域と画素領域の

「接合技術」を外部から導入していたことです（Ziptronix社の「特許ライセンス実績」発表より）。ただし、ソニーは「自前主義」を放棄して何もかも外部の技術に頼ったわけではなく、センサーを極小化するうえで必要な他の要素技術は、自前で開発していました。ソニーは、自前で開発した技術と外部から導入した技術をうまく組み合わせて、世界最強とも言えるCMOSイメージセンサーを開発したのです。

日本のモノづくりビジネスにおいて「脱自前主義」が唱えられるようになったのは、2003年に米国の経営学者であるヘンリー・チェスブロウ氏が、「研究開発をすべて自社内で行う企業は、製品の市場投入までに時間がかかる。その一方で、自社と外部の知識を組み合わせて活用できる企業は、製品をより早く市場投入でき、結果を出していた」という研究結果を発表し、この考え方を「オープンイノベーション」として提唱したことが起点でした。ソニーの事例は、まさにチェスブロウ氏が唱えた通りの結果になったと言えます。

一方で、ソニーの事例は別として、日本のモノづくり産業においてオープンイノベーションが浸透したとは言い難い状況にあります。2003年当時、「オープンイノベーション」の考え方は、新しいビジネスを生み出すことに苦心していた日本のモノづくり企業にとって閉塞感を打破する処方箋のように受け入れられ、多くの企業で推進する取り組みが行われました。

ところが、徹底した秘密主義のもとで名前だけの推進組織を立ち上げるケースや、開発情報を公開することがオープンイノベーションだと勘違いされるケースなど、ある種の混乱を交えながら進められ、結果、多くの日本企業が前向きにオープンイノベーションに取り組んだにもかかわらず、それに比例するほどの成功例を出せませんでした。

日本でオープンイノベーションがうまくいかない要因としては、「提携企業同士のゴールを共有できていない」や「経営者の理解が不足している」といった組織マネジメント上の課題が言われてきました。それは間違いではないと思われますが、表層的な課題しか捉えていないと考えます。

筆者は、モノづくり企業の技術を他用途に転用して新しい事業を開発する支援をしており、支援を通じてオープンイノベーションを多数経験してきました。その経験から考えると、日本のモノづくり企業は「脱自前主義」とは何かを深く考察することなく、「オープンイノベーション」という言葉にだけ飛びつき、旧態依然とした「自前主義」から変わらないまま、形式的に外部の力を活用するだけの取り組みを進めたため、成果に結びつけることができなかったのではないかと思います。

一方で、インターネット・SNSによって瞬時に情報が世界中を駆け巡り、良い製品は瞬く間に売れることでビジネスの賞味期限は短くなり、良いアイデアは組織の枠だけでなく国境を超えて共有されることでテクノロジーが指数関数的に進化する現代では、外部の力をうまく活用する企業こそが「新結合＝イノベーション」を飛躍的に拡大させ成功を収めていっています。日本でオープンイノベーションが浸透するかどうかに関係なく、その流れは今後も変わらないでしょう。

では、日本のモノづくり企業が本当の意味で改善すべき思考を踏まえたオープンイノベーションとは、いったいどんなものなのか。解明のための糸口となったのは、盟友である株式会社KRI代表取締役社長の川崎真一氏（本書の共著者）の言葉です。このKRI（ケー・アール・アイ）という聞き慣れない名前の会社は、研究開発を受託するビジネスを営んでおり、まさに外部に技術を提供することで成り立っているオープンイノベーションの最前線にいます。

川崎氏から、「我々の価値はクライアント企業が自分たちだけでは解決できない課題に直面した時、一緒に解決策を導き出し、道なき道を前進する道先案内人になることだ」と聞き、外部の力を活用することは、異なる考え方から学び、外部の人と〝一緒に〟解決策を導き出し前進することにあるのだと気付きました。つまり「脱自前主義」だけを説くことが、オープンイノベーションの本質ではないことに気付いたのです。

そこで、筆者自身の知見や経験とともに、長年研究開発と開発成果の事業化に従事してきた川崎氏の知見や経験も交えて、必要以上に「脱自前主義」に走らないよう、日本のモノづくり企業が本当の意味で改善すべき思考は何かを明らかにしたうえで、「これからのオープンイノベーション」を説くべきだと思い至りました。

そもそもオープンイノベーションには、成功させるために必要な三つの基本要素があります。この三つが揃わないとうまくいきません。

一つ目は、「対等な関係」の提携でなくてはならないこと。二つ目は、対等な関係だからこそ、お互いに相手から「学ぶ場」でなくてはならないこと。そして三つ目は、ゴールが「Win-Win の関係」でなくてはならないことです。オープンイノベーションとは、「対等な関係」でスタートし、推進していく中でお互いが学びあい、そしてゴールは両者が勝者になることに価値があるのです。

オープンイノベーションとは、外部の技術や知見を導入するアウトサイドインと、外部に技術や知見を開放・提供するインサイドアウトの二つの意味合いがあるのですが、本書では、オープンイノベーションの基本要素三つのうち、スタート（対等な関係）とゴール（Win-Winの関係）の間にある「お互いが学びあう」が最も重要な中核要素と考え、アウトサイドインとインサイドアウトをお互いが実施するケースに軸足を置いて述べるものとしました。

ただし、先に述べたソニーのCMOSイメージセンサーのように（ソニーから見て）アウトサイドインのみのケースであっても、特許をライセンスアウトした企業もソニーから学んだ要素は必ずあるはずで、お互いに学びあう関係であれば、アウトサイドインのみ、インサイドアウトのみのケースを除外するものではありません。

本書では、まず第1章でオープンイノベーションがうまくいかない要因を振り返り、第2章で「Win-Winの関係」を構築するために、適切な相手の選択と、円滑にオープンイノベーションを推進する方法である「新しいビジネスを導く〝テクノロジー・コラボ術〟」を解説します。

第3章で、オープンイノベーション推進のために組織に必要な「土台づくり」を明らかにし、最後の第4章では、有識者の意見も交えながら、日本のモノづくり産業復活に向けた「これからのオープンイノベーション」について一つの方向性を示しました。

「新しいビジネスを導く〝テクノロジー・コラボ術〟」を理解し、常日頃から「土台づくり」を意識し実行いただくことで、日本のモノづくり企業が目指すべき「これからのオープンイノベーション」が積極的に展開されていくことを願います。

なお、第1〜3章は古庄が、第4章は川崎氏が執筆を担当しています。

最後に、本書執筆にあたり、筆者の無理な願いを受け入れて、ご対応・ご尽力いただきました皆様に、この場を借りてお礼を申し上げます。

株式会社NTTドコモの齋藤謙二郎氏、日本電信電話株式会社の小松武志氏、桑原啓氏、高河原和彦氏、NTTコミュニケーションズ株式会社の久野誠史氏、東レ株式会社の勅使川原崇氏、横山興業株式会社の横山栄介氏、横山哲也氏、ミネベアミツミ株式会社の佐藤礼文氏、株式会社ＫＲＩの木下肇氏、セーレン株式会社代表取締役会長兼ＣＥＯの川田達男氏には、大変参考となる資料や情報をご提供いただきました。ありがとうございます。

インタビューにご対応いただき、貴重なご見識を本書に加えていただいた株式会社アーク・イノベーションの井上潔氏、マクセルホールディングス株式会社元代表取締役会長の千歳喜弘氏、そしてアカデミックな視点からご助言いただいた関西学院大学教授の玉田俊平太氏に心より感謝申し上げます。

知財務株式会社　代表取締役

古庄宏臣

目次

第2章 新しいビジネスを導く「テクノロジー・コラボ術」とは

第3章 オープンイノベーションを推進するための土台づくり―― 125

第1章

なぜオープンイノベーションは うまくいかないのか

２０００年代初頭、多くのモノづくり企業がオープンイノベーションに意欲的に取り組みましたが、それに比例する数の成功例を出すことはできませんでした。オープンイノベーションがうまくいかなかった要因は、日本のモノづくり産業が抱える本質的な課題を浮き彫りにしています。まずは、その課題について明らかにしていきましょう。

本書で言う「モノづくり企業」とは、必ずしも製造業に限られるものではありません。筆者の前職である都市ガス会社や電力会社、通信会社、鉄道会社といったインフラ系の企業も、要素技術の研究開発、すなわち「モノづくり」をしています。建設会社もそうです。また研究開発に特化した研究機関もありますし、コンピューターソフトウェアを開発する企業がハードウェアの開発に進出し、ファブレスメーカーになる場合もあります。最近は、アマゾンや楽天のような小売事業者や商社を含む流通系の企業でも、独自に研究開発を行い、モノづくりをしています。本書では、こうしたモノづくりをしている企業全般を総称して「モノづくり企業」と呼ぶことにします。

また、本書におけるオープンイノベーションの定義は、「まえがき」にも述べた通り、外部の技術や知見を取り入れる「アウトサイドイン」と、自社の技術や知見を外部に開放し、提供する「インサイドアウト」を併せて行うケースに軸足を置きます。

なお、特に断りがない限り、本書における「知的財産」とは特許権や著作権などの知的財産権に限定せず、ノウハウや情報資産も含めた広義の知的財産を扱うものとします。「技術」と「知的財産」の言葉の使い分けは、特定の出来上がった何らかの機能を発揮する製品技術（例：衝撃吸収能力を有するパワークッション等）は「技術」と表現し、その製品を製造するためのノウハウ（材料の配合割合や成形温度条件等）は「知的財産」と表現します。

1-1 自前主義の思考でオープンイノベーションを実施する落とし穴

▼自前主義にこだわる問題の本質とは何か

2023年2月、列島にショックが走りました。国産初の民間ジェット機として期待された「三菱スペースジェット（旧MRJ）」の開発中止と事業撤退が発表されたのです。

撤退理由は、型式証明の取得に時間がかかりすぎ、開発が長期化して事業性を見出せなくなったためということでした。型式証明を取得できないと、その国で飛行機を飛ばすことができません。撤退理由としては妥当です。しかし、なぜ型式証明の取得に時間を要したのでしょうか。

国際ビジネスコンサルタントであり、大東文化大学特任教授の江崎康弘氏は、2021年12月の東レ経営研究所のレポート「経営センサー」で、既にこの点を指摘しています。2021年4月に三菱航空機は99・6％の減資を行い、三菱スペースジェット事業で膨らんだ累積損失を補填《ほてん》しました。この際に「これは事実上の撤退だ」と評したのです。「8人乗りのプライベートジェットと単純には比較できないが」と前置きしたうえで、この三菱スペースジェットのケースと米国で型式証明を取得できたホンダジェットのケースを比較、分析した結果を解説していました。

それによると、三菱スペースジェットが失敗した主たる要因は三つあります。第一に、三菱重工は航空機部品メーカーとしての経験はあるものの、航空機全体を設計、製造するノウハウがなかったこと。第二に、自前主義にこだわり、三菱重工の技術者だけで運航開始に不可欠な米国連邦航空局（FAA）の型式証明を取得しようとした結果、うまくいかなかったこと。第三に、開発着手から10年が経過した2018年に自前主義を捨て、外国人技術者を多数採用しましたが、現場で三菱重工の技術者と対立し、さらに開発が遅れたことです。その結果、型式証明を取得できませんでした。

一方、ホンダジェットは最初から米国に拠点を置き、米国の航空機産業から技術者を迎え入れ、エンジンは米GEと共同開発しました。米連邦航空局（FAA）の型式証明を取得するために、米国航空業界の人脈と知見をフルに活用したのです。また、船頭が多すぎた三菱重工に対し、ホンダは一人のリーダーが一貫して開発を担ったことも、成功の要因に挙げています。

江崎氏が前置きしていたように、航空機としての規模が違うので三菱スペースジェットとホンダジェットを単純に比較することはできません。しかし、両者の大きな違いとなった「自前主義にこだわった開発」と「最初から外部の知見を導入した開発」の差は歴然でした。まさに、ヘンリー・チェスブロウ氏が著書『オープンイノベーション』で述べていた「研究開発をすべて自社内で行う企業は、製品の市場投入までに時間がかかる。その一方で、自社と外部の知識を組み合わせて活用できる企業は、製品をより早く市場投入でき、結果を出していた」という研究結果の通りと言えます。

ホンダは三菱重工と比べて航空機産業での経験が浅いため、自前主義にこだわる余裕はなかったとも考えられます。一方で、三菱重工のケースは「国産初のジェット機」という大きなテーマがあったゆえに、ホンダのように米国で開発を進めることはできなかったのでしょう。しかし、結果論にはなりますが、それでも最初から外部の技術と知見を活用することはできたのではないでしょうか。

「自前主義」にこだわらないモノづくりとは、まず「外部の力を活用することは、決して自社の技術を否定することではない」という前提をしっかりと理解しておく必要があります。三菱重工のケースでは、開発スケジュールが遅れている中で、途中から突然、外部のエンジニアが入ってきました。技術者たちは「自分たちの技術を否定された」と解釈し、反発心が芽生えるのは当然のことだと思います。

三菱重工は最初から外部の技術と知見を導入することを前提に、そのための土台づくりをしておくべきでした。「国産初の民間ジェット機」という大きなテーマがあるとしても、すべてを自前で開発するとか、全体設計とコア技術は自前で開発しなくてはならないといった〝責務〟などなかったのではないでしょうか。

1860年（万延元年）、「遣米使節団」を乗せた咸臨丸《かんりんまる》が、日本人の操船によって太平洋を横断しました。一緒に出航した米国艦船ポーハタン号よりも先にサンフランシスコに到着するという快挙を成し遂げたのです。咸臨丸とは、幕府海軍が所有していた蒸気式の軍艦です。幕末の極限状況の中で、江戸城の無血開城を成功させ、日本を分断する内戦を回避した勝海舟が艦長を務め、野心に燃える多くの志士を横目に、新時代の人材育成に注力した福沢諭吉も同乗していました。

咸臨丸による太平洋横断は、日本人だけで成功させたわけではありません。咸臨丸に同乗していた米国人乗組員の助力があってこそ成し遂げられた功績でした。しかし、ペリーの黒船来航からわずか7年後に、自ら操船して太平洋横断に成功した事実は、日本をアジア辺境の島国で植民地候補の一つにすぎないと軽んじていた米国民に対し、新たな技術を吸収し進化する日本人の能力を見せつけるのに十分だったと言えます。

元来、日本人は外部の技術をうまく取り込んで進化させることに長けていたはずです。自前主義にこだわる問題の本質は、「外部の知見と技術を借りることは恥であり、自分たちの技術の否定につながる」という〝錯覚〟に陥ってしまう点にあります。しかし、未経験の領域に挑戦する際は、外部の知見と技術を最初から大いに活用すべきです。貪欲に外部から学び、進化させていけばよいのです。

▼オープンイノベーションを成功させるうえで必要なもの

日本のモノづくり企業では、外部の技術や知見を借りることに抵抗感を持つ企業が少なくありません。一方で、「まえがき」でも述べましたが、現代はインターネットによって瞬時に情報が世界中を駆け巡り、良い製品は瞬く間に売れるため、ビジネスの賞味期限が短くなっています。良いアイデアが組織や国境の枠を超えて共有されることで、テクノロジーが指数関数的に進化しています。こんな時代には、外部の力をうまく活用できる企業こそが「新結合＝イノベーション」を飛躍的に拡大させ成功を収めます。

経済産業省が製造業向けに実施したアンケート（2015年12月調査）によれば、製品ライフサイクルが10年前と比べて「短くなった」と回答する企業が「長くなった」と回答する企業よりもすべての業種で多く見られました。電気機械や化学工業の業界では、「短くなった」と回答した企業が全体の30％以上を占めていました。製品のライフサイクルが短縮してビジネスになる期間が限定され、研究開発にさらなるスピードが求められる時代になったと言えるでしょう。

また、異分野の知が融合することの有効性については、多くの学術的な論文が出ています。2004年、ハーバード・ビジネス・スクールで興味深い論文「Perfecting Cross-Pollination」（リー・フレミングによる）が発表されました。この論文では、メンバーの専門分野が共通しているほどイノベーション革新度の平均値が高い（失敗が少ない）が分散は小さい（革新的なイノベーションが生まれにくい）とされ、その一方、メンバーの専門分野がかけ離れているほど、イノベーション革新度の平均値は低い（失敗が多い）が分散は大きい（革新的なイノベーションが生まれやすい）と述べています。

図1－1は、同論文に掲載されたグラフの引用で、多様性とイノベーション革新度の関係を表しています。縦軸がイノベーション革新度の高さ（上へ行く

図1-1：イノベーション革新度（縦軸）とメンバー多様性（横軸）との関係

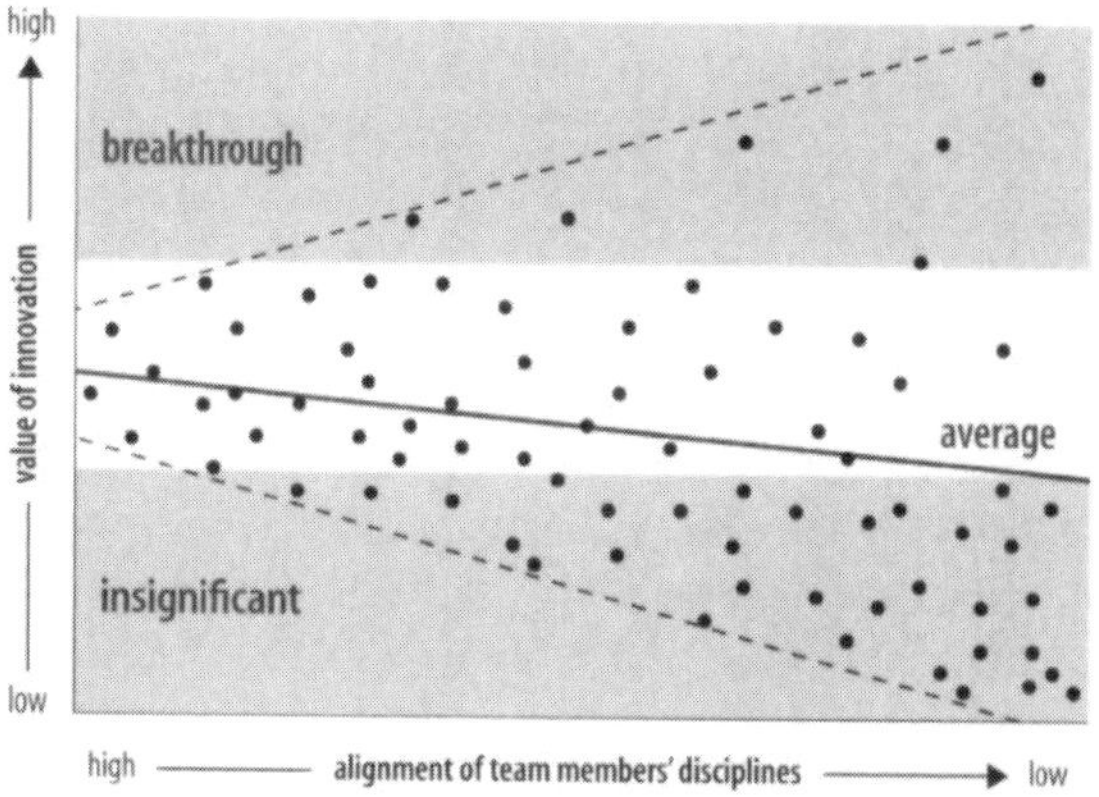

「Perfecting Cross-Pollination」（by Lee Fleming）の図“Going for Breakthrough”より引用

ほど高い）、横軸がメンバーの多様性（右へ行くほど多様性があり、左へ行くほど共通）を示し、「average」と記載した実線は革新度の平均値を表しています。日本のモノづくりは主にグラフの左側で行われており、失敗は少ないが革新的なものは生まれにくい状態にあります。

多様なメンバーがいる方が革新的なイノベーションが生まれやすいわけですが、問題はグラフの右へ行く（多様性が広がる）ほど、平均値が低くなってしまうことです。これこそが異なる企業によるオープンイノベーションの難しさと言えます。

ただし、この論文では、グラフの右側（多様なメンバーが集まるケース）でも、失敗リスクを下げる方法について述べています。それは、メンバーの専門性がより高いことと、共通の理解があることです。つまり、前者は各社の「強み」が融合することと解釈でき、後者はお互いに理解しあえる工夫や取り組みと解釈できます。

異分野の人が協働でモノづくりを行うことの難しさは、万国共通の課題と言えそうです。しかし、革新的なイノベーションの数の差は、諸外国と日本のモノづくりにおける「基本思考の差」から来ていると考えます。異分野の知の融合では、考え方や価値観の相違によって議論が噛み合わないケースは万国共通です。しかし、外部連携を当然とするオープン思考のもとで、失敗してもどんどんトライする諸外国の「積極的挑戦思考」と、互いに手の内を明かさない秘密主義のもと、うまくいかなければすぐにあきらめてしまう日本の「リスク回避思考」では、トライ数そのものに差が出てくると考えます。

図1－2は、「共同研究開発」および「共同研究契約」というキーワードによる日本国内のグーグル検索のトレンドの推移です。「オープンイノベーション」というキーワードで検索すると、「特許の開放」や「オープンソースコードの活用」といった「インサイドアウト」のみのケースが多く入ってしまうため、ここでは「共同研究開発」「共同研究契約」というキーワードで調べました。どちらのキーワードも2010年頃から減少し、2013年頃から低空飛行を続けています。

図1-2：日本国内での「共同研究開発」「共同研究契約」の検索キーワード数の推移

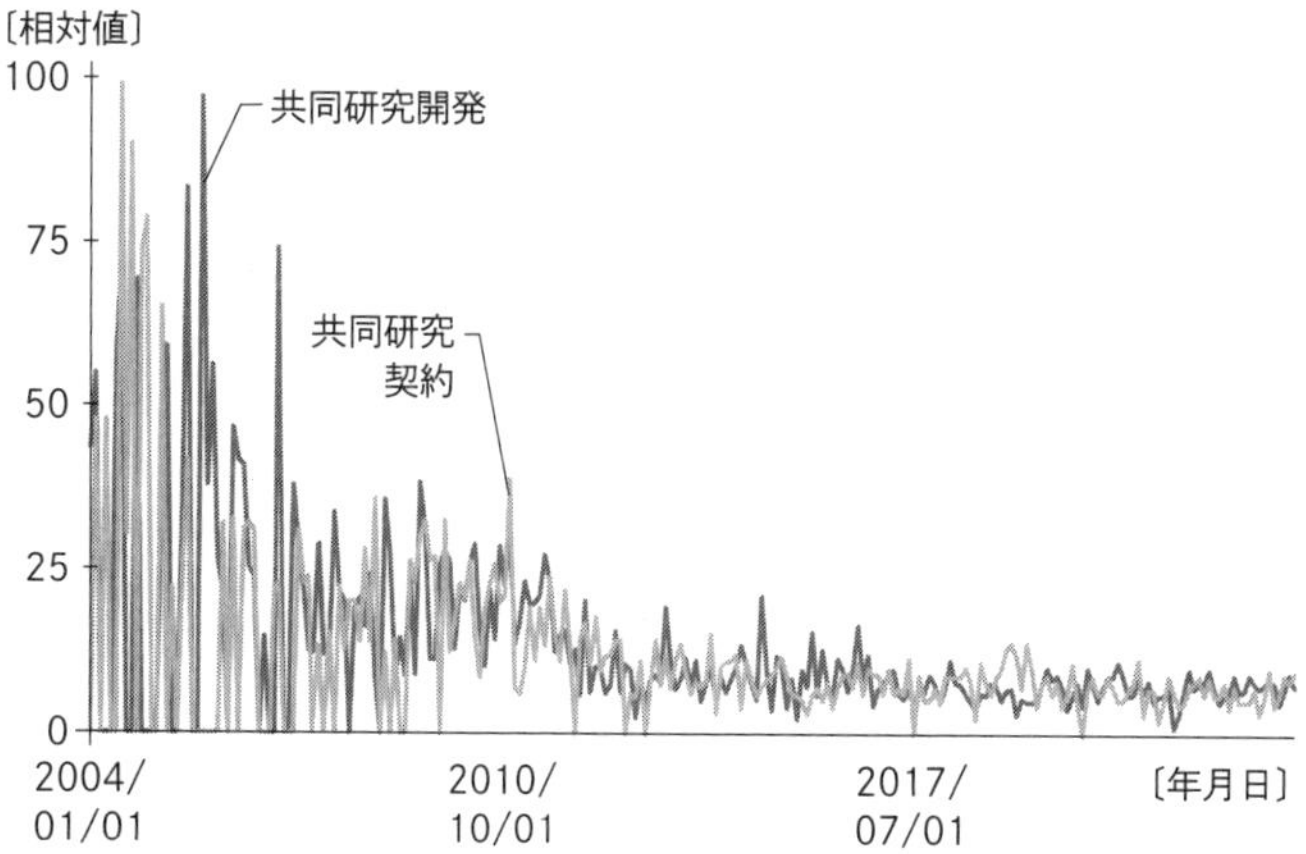

Googleトレンドより、筆者作成

つまり、諸外国では外部連携が当たり前なので失敗してもトライ数が多く、結果として革新的なイノベーションが多く生み出されます。一方、日本は自前主義の思考にとらわれ形だけのオープンイノベーションを取り入れたため、外部連携に慎重になり、トライ数そのものが少なくなったと言えるのではないでしょうか。日本のモノづくりの特徴である「リスク回避思考」を変えることは容易ではありません。多様なメンバーでもイノベーション革新度の平均値を引き上げていく、つまり成功確率を高めていく工夫が必要です。

すべてを自前で開発する企業と、外部の技術をうまく組み合わせられる企業では、開発スピードと革新的なイノベーションを生み出す力の差は歴然としています。オープンイノベーションは、今のモノづくり企業にとって不可欠です。特に異業種の企業間で行う共同開発は、業界が離れているがゆえに発想の異なる人たちのアイデアが融合し、お互いが学びあい、革新的なモノづくりにつながる可能性があります。

一方、先述したように異業種ほどオープンイノベーションを進めるのは難しいという面もあります。そのため本書では、特に業界の異なる（距離の遠い）企業同士が協働してモノづくりを進めることの難しさをどう克服するかにスポットを当てます。図1－1に示したように、平均値が右へ行くほど下がっている点をいかに引き上げるかに軸足を置きます。

日本企業だからこそ、これを克服できる可能性が高いと考えるからです。「まえがき」でも示しましたが、日本企業の特長を活かしてオープンイノベーションを成功させるために必要な三つの基本要素を明らかにしました。

一つ目は、オープンイノベーションとは「対等な関係」の提携でなくてはならないということです。二つ目は、対等な関係だからこそ、お互いに相手から「学ぶ場」でなくてはならないということです。そして三つ目は、ゴールが「Win-Win の関係」でなくてはならないということです。オープンイノベーションとは対等な関係でスタートし、推進していく中でお互いが学びあい、ゴールは両者ともに勝者になることに価値があります。片方の企業だけが成果を独占するようであれば、成功とは言えません。

▼成果を独占することが当たり前になってはいけない

なぜ両者が勝者になるのは難しいのか。筆者の経験から考察すると、それは自前主義の延長上で「自分たちが成果を独占することが当然」と考えてしまうことに原因があります。頭では理解していても、根底にある自前主義の思想が変わっていないのです。自前主義のままでは、オープンイノベーションの相手と協力することはできません。

　これまでの日本のモノづくり企業は、ピラミッド構造によるビジネスを得意としてきました。つまり、どこか特定の企業がピラミッドの頂点となり、その企業から下請け企業に仕事が発注され、さらにその下請けへと発注される構造です。これが日本の高度経済成長期を支え、一糸乱れぬ強固なモノづくりを実現してきました。

　オープンイノベーションは、このような上下関係によるモノづくりとは根本的に異なります。複数企業が「対等な関係」で提携することに価値を見出すのです。しかし、多くの日本企業は、この「対等な関係」を基軸とするオープンイノベーションにおいて、各社の「立場」を理解してこなかったと考えられます。加えて「対等な関係」になれる相手と組んでこなかったことも考えられます。「対等な関係」になれる相手は、企業規模の大小とは関係ありません。

　大企業と中小企業が共同開発する場合、大企業側がピラミッドの頂点にいるという考えから、大企業側から中小企業側への委託開発という位置づけにするケースが見受けられます。その成果としての知的財産権は、委託した大企業側にすべて帰属させることが多いです。開発内容によっては、それが正しい場合もあるでしょう。

例えば、特定の部品を製造するために大企業側がすべて設計し、中小企業側はそれに基づいて製造しただけなら、発明には該当しないかもしれません。この場合、それを製造するためのノウハウが中小企業側に残されるのであれば、必ずしも不平等とは言えないでしょう。しかし、特許を大企業側がすべて独占すれば、中小企業側は特許を持つその大企業のためだけにしか、部品を製造、販売できなくなってしまいます。

大企業側に問題があるわけではなく、中小企業の方が「対等な関係」をあえて放棄しているケースもよくあります。その場合はよいのですが、しっかりと知的財産権の所有を考えている中小企業の場合では、大企業側が成果を独占する考えでいては、交渉はまとまらないでしょう。知的財産権を主張してくる企業ほどオリジナリティの高い技術を持っており、魅力的な解を導き出してくれる可能性があります。

オープンイノベーションは企業規模に関係なく、お互いのアイデアを出しあい、自社だけでは解決できない問題の解を導き出すことに価値があります。半面、こうした成果を独占できないことは、オープンイノベーションの課題とも言えます。この成果配分をいかにうまく設計できるかが重要です。自前主義の思想でお互いに成果を独占しようとすれば、契約段階で交渉が決裂してしまうことは当然と言えるでしょう。

▼提携先のメリットを事前に考える

オープンイノベーションで成果を適切に配分するためには、提携相手のメリットを考える必要があります。しかし、「何もかも自前で作る。外注はあり得るが、下請けに指示しているのも自分たちだ」と考える自前主義が強すぎると、「開発成果が自分たちに帰属するのは当然だ」と考えがちになります。

技術者の中には、相手のメリットを考えるのが苦手だという人をよく見かけます。以下は極端なケースですが、実話です。

A社は高い引張《ひっぱり》強度を持つ特殊な素材を開発しました。この素材は住宅用の建材に活用できる可能性がありました。しかし、まだ試作段階で改善の余地があり、その改善こそが特許になる可能性を秘めた領域です。

そこで、住宅メーカーや建材メーカーに売り込む前に、改善ポイントを押さえるべく、住宅建材に詳しいBという大学教授に意見を求めることにしました。A社がこの素材を開発していること自体が機密なので、B教授には機密保持誓約書にサインをしてもらい、意見を求めました。その時のA社技術者とB教授とのやりとりです。

B教授：「私が機密保持誓約書にサインをして、知見を話すことにどんなメリットがありますか？」

A社技術者：「え？」

A社はB教授のメリットを、全く考えていなかったのです。

最初から住宅メーカーや建材メーカーに話さず、大学教授にアプローチしたところまでは正解です。詳しくは後述しますが、いきなり住宅メーカーや建材メーカーにアプローチすると、アイデアが漏えいするリスクがあるからです。アイデアの漏えいリスクは大学教授も同様ですが、メーカーとの違いは組織的な開発力の有無です。

A社は自社の技術とアイデアを守ることのみを考え、B教授のメリットを全く考えていませんでした。こうした場合は、B教授との共同研究にする余地はないかなど、B教授側のメリットを先回りして考えておくべきだったのです。A社はその後、B教授のところを二度と訪問できなかったようです。

▼過剰な「秘密主義」になっていないか

相手のメリットを考える余裕がなくなる背景には、自社の機密保持を最優先に考えてしまうことがあります。機密保持は重要であり、それを否定するつもりはありません。しかし、過剰な「秘密主義」は禁物です。自前で開発すればクローズドイノベーションとして機密性を確保できますが、それが限界にきているのが現代のモノづくりです。

このように話すと、オープンかクローズの二択しかないように感じられるかもしれませんが、そうではありません。

オープンイノベーションを推進するうえでは、必ずクローズ（守り）の領域があります。このクローズの領域を明確にすることが重要です。明確でないと、現場の技術者は安全性を真っ先に考え、「フルクローズ」に向かってしまいます。フルクローズではオープンイノベーションになりません。オープンイノベーションは、お互いにオープンの領域があり、そこでつながるイノベーションのことなのです。

大事なのは、絶対に譲れない守り（クローズ）の部分を明らかにし、しっかりとした知的財産戦略を持つことです。オープンイノベーションとは、お互いが有する知的財産戦略のすり合わせです。知的財産戦略がなければ、当然ですが先へは進めません。

▼ソニーにあった、相手から学ぶ姿勢

相手のメリットを考えずに成果を独占し、自社の機密保持を相手に押し付ける。あるいは秘密にして相手には何も開示しない。そのような姿勢では、オープンイノベーションは成立しません。

相手から技術や知見を得るには、相手から学ぶ姿勢が必要です。その姿勢があれば、相手のメリットを考える思考につながっていきます。だからこそ、外部の技術や知見を自らの力にして進化できるわけです。しかし現実には、三菱スペースジェットのケースに見られたように、外部の技術や知見に対する反発心が芽生える場合があります。

「まえがき」で述べたソニーのCMOSイメージセンサーのケースは、回路領域と画素領域を積層化する技術を外部から導入しました。これは米国のベンチャー企業であるZiptronix社が開発した「酸化膜接合技術」で、低温でも高い接合強度を実現できる点が特

徴だそうです。
ソニーが独自に開発したＣＭＯＳイメージセンサーは、裏面照射型と呼ばれるものです。この裏面照射型画素が形成された画素チップと、信号処理回路が形成されたロジックチップを重ね合わせた積層構造をしています。

こうしたセンサーを極小化することのメリットは、搭載する製品本体を小型化、薄型化できるだけでなく、余ったスペースを活かして他の機能を加えることができる点です。しかし、センサーを極小化する技術には限界があります。そこでソニーは、図１－３に示すように、従来は回路領域と画素領域を並列に配置していたものを積層化したのです。

Ziptronix社の酸化膜接合技術の優位性は、低温でも高い接合強度を出せるところです。低温環境下では、

図1-3：ソニーが開発した裏面照射型CMOSイメージセンサー

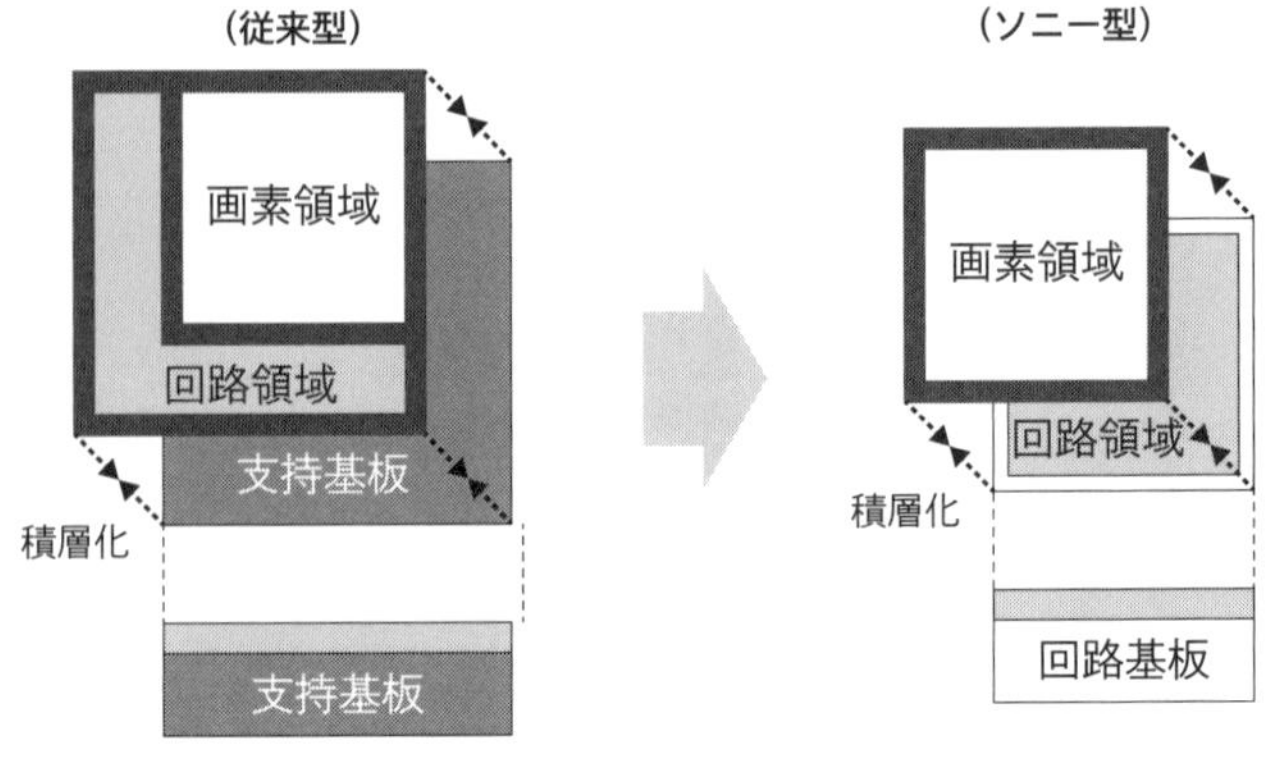

筆者調べ・筆者作成

熱膨張によるひずみが発生しにくくなります。従来の接合技術は接着剤を使用するため高温処理が必要になり、熱膨張によってチップにひずみが生じる課題がありました。

おそらく、ソニー社内でも接合技術を開発し、様々な工夫がされていたはずです。その開発を担ってきたソニーの技術者にとっては、外部の技術を導入することに忸怩《じくじ》たる思いがあったことも想像できます。しかしその一方で、ソニーには外部から学ぶ姿勢がありました。コストや品質、製造スピードなどを総合的に勘案し、この酸化膜接合技術のライセンスを受ける決断をしたのでしょう。

▼「脱自前主義」とは、自分たちのモノづくりを放棄することではない

この事例では酸化膜接合技術にスポットを当てましたが、ソニーは自前のモノづくりをすべて放棄したわけではありません。

図１－４の通り、Ziptronix社とライセンス契約を締結した２０１１年当時のソニーのCMOSイメージセンサーの関連特許を筆者が調べたところ、センサーを極小化するために必要な技術として、極小画素面積内で取得電荷量を増やすための光電変換の技術や、有

機光電変換膜の技術（オンチップマイクロレンズ）、ノイズを低減するための技術、信号回路を形成する技術があり、いずれもソニーが自前で開発していました。酸化膜接合技術は重要な技術ですが、それだけで極小化を実現できたわけではないのです。

このように、「脱自前主義」とは自前のモノづくりを完全に放棄することではありません。自前の技術と外部の技術をうまく組み合わせて最強の製品を作ることにあります。

外部技術をうまく組み合わせるには、自前の技術も必要です。そうして完成した「新結合＝イノベーション」は、ソニーのＣＭＯＳイメージセンサーのように、他社が容易には追従できない製品になる可能性が高いです。

図1-4：裏面照射型CMOSイメージセンサー断面図

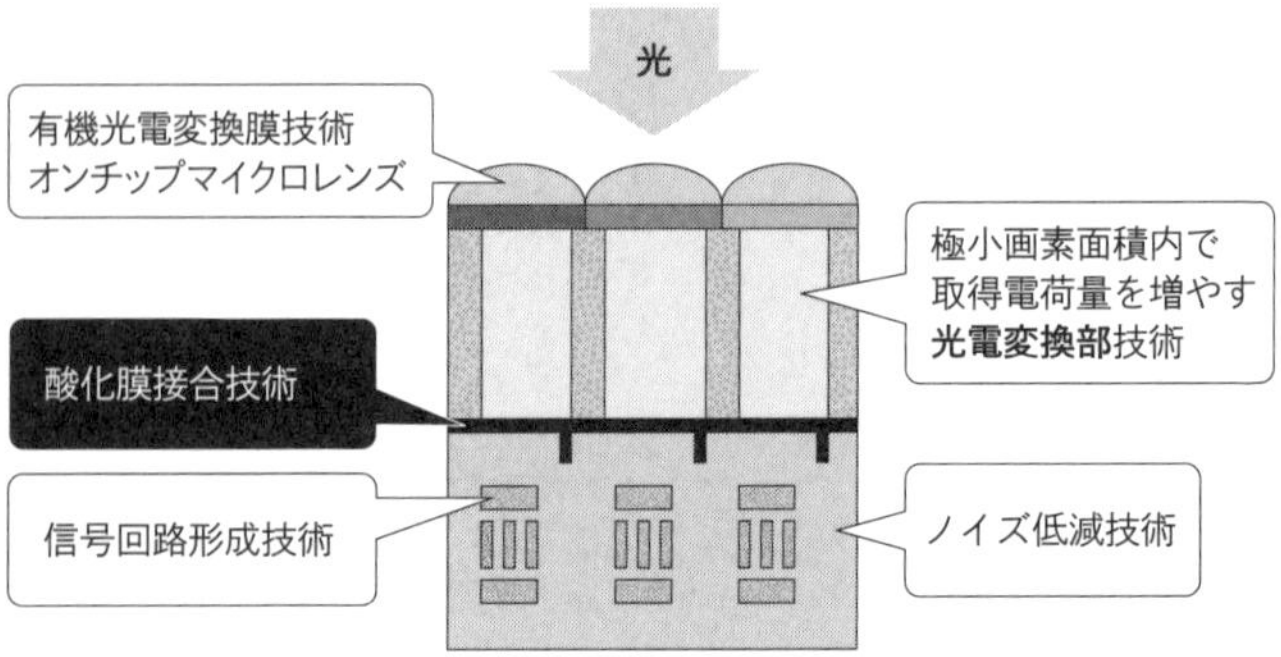

筆者調べ・筆者作成

1-2 なぜ「対等な関係」になれないのか

「自前主義」の思考で形式的に外部の技術や知見を受け入れようとしても、うまくいかないことは述べましたが、「自前主義」を改めてオープンイノベーションを他社と「対等な関係」で進めようとしても、なかなか「対等な関係」になれないケースはよくあります。最初から相手を見下しているケースもあれば、相手から見下されるケースもあるでしょう。なぜ「対等な関係」になれないのでしょうか。

▼受け身の組織に「対等な関係」になれる相手は存在しない

相手が顧客企業であれば、気を使うのは当然でしょう。しかし、売り手と買い手の関係だからといって、必ずしも上下関係があるとは言えません。相手にお金を払って「先生」と呼び、頭を下げるケースもあります。そこまでするのは、相手から学ぶべきものがあるからです。

「対等な関係」になれない大きな要因の一つが「受け身思考」です。相手から言われたものを作るだけの受け身の組織に、「対等な関係」を求めることは難しいです。

オープンイノベーションはお互いが「学びあう場」である必要があります。仮にこちらが売り手で相手が買い手の立場であっても、受け身思考ではなく、能動的な提案をしてこそ価値があるのです。

２０１４年、日本電信電話株式会社（ＮＴＴ）と東レ株式会社は、生体情報の連続計測を可能とする機能素材「hitoe®」を共同で開発したと発表しました。その後、この機能素材を着用するだけで心拍を計測できる、新しいウェア製品が開発されました。

夏場に炎天下で作業をしている人が、見た目には元気でも突然熱中症で倒れてしまうケースがあります。そうした事態を防ぐため、心拍数や体動などの生体情報を連続的にモニタリングし、危険水域に近づくと自動的に警報を発して安全を促すことができるシステムを生み出したのです。

この製品は、医師からＮＴＴの研究者に転身した異色の経歴を持つ塚田信吾氏の発想が起点となりました。塚田氏が臨床医だった頃、患者への負担が少ない生体電極の必要性を感じていたことがきっかけと言います。

心機能の検査などで心電図を取る際、電極を長時間肌に貼り付けておく必要があります。電極を貼り付けるためのテープやジェルで肌がかぶれたり、化膿させて感染症を引き起こすようなケースがよくあるそうです。そこで、フィット感と通気性に優れ、皮膚に密着で

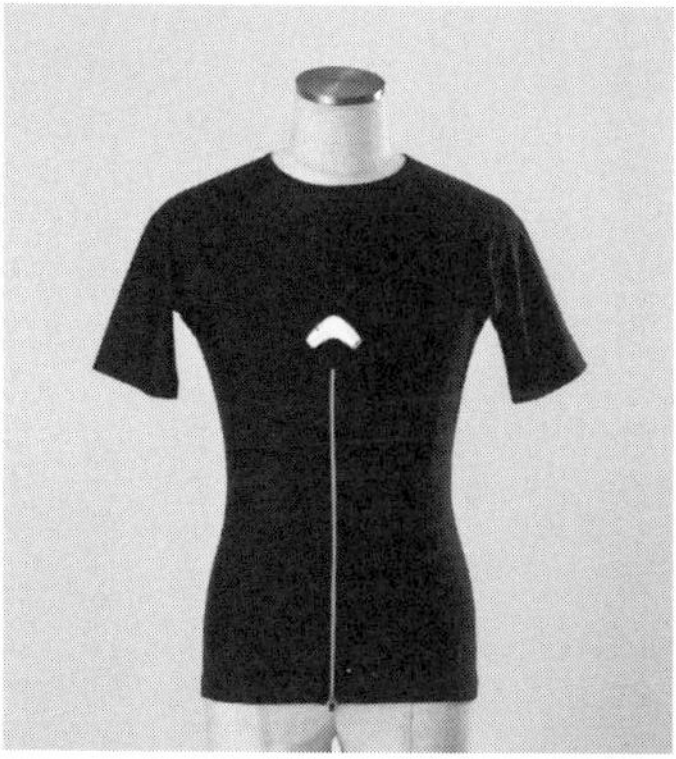

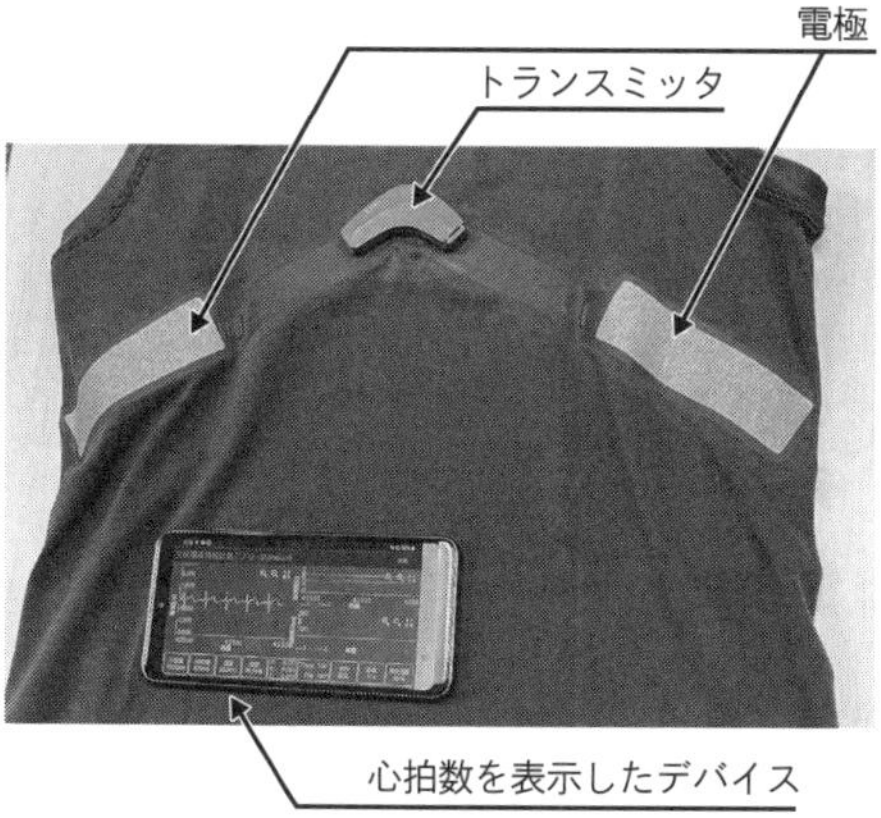

（上）hitoe®、（下）ウェアの裏側（筆者撮影）
※hitoe® 使用時、トランスミッタはウェア表面に装着します。
（上）東レ（株）提供

きる繊維素材の電極を作れば、患者の負担を大いに軽減できると考えたのです。

２０１３年、ＮＴＴは「人体のデータが測定できる衣服」を開発しました。ＮＴＴは人体のデータを測定するための「繊維導電化技術」を開発しましたが、ＮＴＴの技術だけでは洗濯可能で実用的な衣服までは作れませんでした。そこで、この課題を解決できるパートナーを公募したのです。

これに応募してきたのが、日本を代表する素材メーカーの東レでした。東レは極細な繊維を作る「ナノファイバー技術」を持っていました。直径１５０ナノメートルの超極細繊維技術です。東レはこの技術をビジネスに活かす方法を模索していたそうです。

ＮＴＴの研究段階では、表面にコーティングする手法を採っていました。これに対し、東レは繊維加工のノウハウを生かした特殊な前処理コーティングを組み合わせる提案をしたそうです。これにより、生体情報の取得精度は格段に向上しました。東レが提案した前処理コーティングを行うと、電気を伝える導電性高分子が落ちにくくなり、汗にも強く、耐久性が増し、肌触りも良くなったそうです。

このように、ＮＴＴだけでは生体情報連続計測技術の実用化は難しかったわけですが、これにはＮＴＴに限らず基礎技術研究が持つ宿命のような側面があります。

例えば、大学で画期的な基礎技術を開発して社会実装を目指した産学連携をしようとした時、その技術が実用化からほど遠いレベルだった場合、民間企業の技術を応用しても製品化まで到達できないケースがあります。

大学の基礎技術と民間企業が持つ応用技術の間には、一定の距離があります。基礎的な技術を応用するには、その中間にある技術課題を解決するもう一つの技術が必要になるケースがあるのです。それを本書では「実用化のための中間技術課題」と呼びます。

「hitoe®」のケースでは、東レの技術が中間技術課題の解決に役立ちました。これにより、製品化につながる「生体信号計測縫製技術」を開発できたわけです。

逆に見ると、NTTが日本のモノづくりの常識では奇策とも言える「公募」という形を採り、オープンイノベーションで解決する決断をしたからこそ、用途を見出せず宝の持ち腐れになる可能性があったナノファイバー技術が日の目を見たと言えます。

このように、両社が強みを持ち寄り、一社では不可能なことを可能にするのがオープンイノベーションです。NTTの公募が東レの技術を開花させ、東レの提案がNTTの技術を開花させました。この実現には、技術以前に、NTTのオープン化思考と、東レの担当者による「技術を活かしたい」という情熱と提案力があったとも言えるでしょう。

▼自社の強みを把握していたか

東レがＮＴＴに提案できたのは、ナノファイバー技術という自社の強みを把握できていたからです。一方で、ＮＴＴも繊維導電化の基礎技術を持ち、心拍データを計測して体調をモニタリングするところまでのノウハウを有していました。ＮＴＴと東レは、お互いの強みに対して敬意を抱いていたそうです。だからこそ、対等に学びあう関係になれたわけです。

ＮＴＴと東レは技術だけでなく、お互いのビジネス構造も学びあいました。例えば、ＮＴＴの人たちは繊維を活かしたウェアのコスト構造を知りませんでした。ウェアを製造する際の原価だけでなく、流通や在庫リスクなど、様々なコストがあることを東レから学びました。一方で、東レは生体情報計測技術を活かした製品を作ることはできても、その製品でサービスを展開するためのＩＴシステムのコスト構造を知りませんでした。問い合わせ対応など、システムを運用するためのコスト構造をＮＴＴから学びました。

お互いの強みが明確になっているからこそ、相手から「何を学べるか」が明確になります。しかし、モノづくり企業の中には、自社の強み、特に技術的な強みを把握できていない企業が意外と多いのです。

「誰でも自らの強みについてはよくわかっている。だが、たいていは間違っている。わかっているのはせいぜい弱みである。それさえ間違っていることが多い」（P．F．ドラッカー著・上田惇生編訳『プロフェッショナルの条件』2000年／ダイヤモンド社）

これは、経済学者のピーター・ドラッカーの言葉です。何かを提案する際は、自分たちの強みが起点となります。この強みを把握できていないというのは、日本のモノづくり企業に限らず、万国共通の悩みかもしれません。また、ドラッカーは次のような言葉も残しました。

「何事かを成し遂げるのは、強みによってである。弱みによって何かを行うことはできない。できないことによって何かを行うことなど、到底できない」（前出）

強みがあってこそ、他社とのオープンイノベーションが可能になります。自社の強みをどう活かすかが、オープンイノベーションの起点として重要になるのです。

▼自社の弱みを把握していたか

強みを知ると同時に、弱みを知ることも大切です。オープンイノベーションはお互いが学びあう場ですから、自社の弱みを解決するために「何を学ぶのか」が重要になるからです。

ドラッカーが述べたように、弱みを把握できていない企業は多いです。自分たちに不足しているものは何か、それは現在の課題なのか、将来の課題なのか。強みと弱みを把握することが、オープンイノベーションを成功に導く必須事項になります。

オープンイノベーションで克服できる弱みの代表例が、先に述べた「中間技術課題の解決」です。

「hitoe®」の場合は、「生体信号を計測する」という大きな目的を、NTT単独で達成できました。しかし、製品として実用化するには「衣服を洗濯する」という現実的な課題があったわけです。「hitoe®」の場合は、この中間技術課題の解決から量産化までを東レの技術で解決できました。

この中間技術課題でありがちな例に、「歩留《ぶど》まり」の問題があります。歩留まりとは、投入した原材料に対し、品質基準をクリアする完成品をどれだけ製造できるか、その割合のことです。研究室の中では、100種類の原材料を投入して、たった一つの成果物ができた場合でも成功と言えます。しかし、それをビジネスとして実用化するには、例えば100の原材料に対して最低でも60程度の成果物が得られないと、採算が取れないことになります。

青色LEDの発明でノーベル物理学賞を受賞した人は、3人いました。発端は、名古屋大学（発明当時）の赤崎勇氏と天野浩氏が、窒化ガリウム（GaN）によって青色に光るダイオードを発明したことでした。しかし、青色発光すればすぐに実用化できるわけではなく、一定のコストで大量生産を可能にするための「歩留まり」が求められました。

その製造技術を開発したのが、当時日亜化学工業株式会社に在籍していた中村修二氏でした。中村氏は製造装置の改造まで自分でやってしまうほどのスピード感で、青色LED

の大量生産へ道を開きました。そのため、この3人がノーベル賞の受賞者となったわけです。

実用化のための中間技術課題として、研究（ラボ）から生産（パイロット、実機）の間を埋める課題は数多くあります。特にラボで発明したものを工場で量産する場合、設備の制約などから製造条件を見直さなければならないようなケースです。

例えば、ラボでは使えた有機溶剤が、製造現場では大量に使用することになるため引火の危険性から使えないケースがあります。また、ラボではできた攪拌《かくはん》作業が、生産段階では規模が大きすぎてできないケース、ラボでは手塗りで塗工できたものの、生産では量産品質を安定化させるために、塗工液の配合を見直さなければならないケースなどがあります。

画期的な基礎技術を実用化する場合、自社でどこまでできるのか、自社の弱みを把握し、「実用化のための中間技術課題」を明らかにしたうえで、その解決を目指すためのオープンイノベーションを検討する必要があるのです。

▼自分たちが相手を選ぶと同時に、相手からも選ばれる

オープンイノベーションは、お互いが対等な関係であることを前提とします。そのため相手をよく選ぶことが重要ですが、同時に「相手からも選ばれなければならない」という課題があります。

東レは、ＮＴＴから選ばれました。同時に、東レもナノファイバー技術を活かす相手としてＮＴＴを選んでいたのです。オープンイノベーションはお互いに相手を選ぶとともに、相手からも選ばれなければなりません。これが、従来のピラミッド構造によるモノづくりとの大きな違いです。

1-3 なぜ提携先と信頼関係を構築できないのか

受け身思考から脱却し、自社の強みと弱みを把握してオープンイノベーションの目的を明確にしました。そして、適切な相手を選ぶとともに、相手からも選ばれることで、ようやく「対等な関係」でオープンイノベーションをスタートできる環境が整いました。しかし、それでもまだ壁は存在します。

オープンイノベーションとは、複数の企業が有する技術と知見を融合する取り組みです。それだけなら、提携はまだ容易でしょう。しかし、「この技術を組み合わせれば、このようなものができる」という絵を描いても、その通りに行かないケースは多々あります。そこには、技術的な問題以上に大きな課題があるのです。

それが、「信頼関係」です。長年取引のある間柄であれば、「あうんの呼吸」というものがあります。これが全くない相手と提携する場合、大きな課題となるのが信頼関係の構築なのです。

▼信頼関係構築のために尽力するということ

オープンイノベーションは、信頼関係の構築なしに進められません。では、信頼関係がない、「あうんの呼吸」がない状態とは、どのような場面で表面化するのでしょうか。

例えば、「言葉が通じない」ケースです。「同じ日本人同士で？」と思うかもしれませんが、分野の異なるエンジニアが協働しようとする場合、それぞれの専門用語の意味が異なり、お互いが話す内容を正しく理解できない場合があります。そのまま会話が進行すれば、信頼関係に亀裂が生じる可能性も出てきます。

ＮＴＴと東レの事例では、東レの東京本社と滋賀県にある瀬田事業所、ＮＴＴの厚木研究開発センタの３拠点をつなぎ、リモート会議で週に1回の高頻度で交流が行われていました。この会議での言葉の使用について、お互いに気を使いあっていたそうです。

実際の開発現場の声として、「hitoe®」の開発に携わったＮＴＴ研究所の高河原和彦氏は、「東レさんとの会議は、技術ジャンルの異なる交流です。いつも通りにエレクトロニクスの世界で普通に通じる言葉をそのまま使用すると〝すれ違い〟が生じます。そのため、東レさんとの会議で使用する資料は、言葉の使い方について常に上司のチェックを受けていました」と語っていました。会社の機密が漏えいされないかチェックするというより、東レの人を混乱させないために、毎回上司のチェックを受けるという面倒くさいことをやっていたのです。

また、こうした企業間の交流は現場任せにせず、会社と会社をつなぐ役割を果たす人物を立てる必要があります。NTTではこの役割を、当時NTT本社研究企画部門に在籍していた久野誠史氏（現NTTコミュニケーションズ）が、東レでは機能製品事業部東京ユニフォーム課の勅使川原崇氏が担い、同氏の海外転勤後にこの役割を同課の浅井英氏が受け継ぎました。

NTTの本社がある大手町と東レの本社がある日本橋は、東京駅を挟んで存在しています。東京駅の西側（丸の内側）にあるのがNTT本社で、東京駅の東側（八重洲側）にあるのが東レ本社でした。徒歩14分の距離で、炎天下であれば汗をかくのによい距離です。久野氏はこの間を頻繁に歩いて往来し、東レとのコミュニケーションに努めるとともに、厚木にあるNTT研究開発センタとの間も頻繁に往来したそうです。

大きな組織になると、社外とのコミュニケーション以上に難しくなるのが、社内のコミユニケーションです。NTTの久野氏や東レの浅井氏（勅使川原氏）のように、窓口となる人同士のコミュニケーションがうまくいっていても、その実、社内では開発現場との間で意見が食い違い、衝突を起こしているケースが見られます。特に本社と研究所は物理的に離れている場合が多く、普段接している情報も異なるため、見ている景色も違ってくるわけです。

こうした社内での衝突は、外部からは見えません。協業がうまくいっていると思っていても、ある日突然、破綻するといったケースがよくあるのです。これは中小企業でも同様です。開発現場の考えと社長の考えが異なり、社長が突然オープンイノベーションを中止にしてしまうこともあります。

NTTでは、遠く離れた本社の人間が研究所の意見を束ねることは難しいと考えました。そこで、研究所内を束ねる役割を、研究所と本社研究企画部門を兼務していた桑原啓氏に委ねたのです。桑原氏が研究所内の意見をまとめ、久野氏とうまく連携したことで、「本社」「研究所企画」「開発現場」の三つの連携を円滑に進められました。これが奏功し、NTTと東レの連携も円滑に進められたものと考えます。

なお、NTTは日本の通信技術を担い、リモート会議を積極的に推進する立場にあります。そんな中で、久野氏はなぜ対面でのコミュニケーションにこだわり、片道2時間もかけてNTT本社と厚木研究開発センタの間を何度も往来したのでしょうか。

まさか「暇だったから」ではないでしょう。外部との信頼関係を破綻させないために、社内での信頼関係の構築に尽力されたのです。「余裕のある大企業だから、そこまでできるのだ」という意見があるかもしれません。しかし、果たしてそうでしょうか。余裕があるかないかの問題ではないと筆者は考えます。

信頼関係の構築に尽力するためには、自らの役割を俯瞰《ふかん》して見ることが重要です。面倒くさいことをいとわず、相手の立場を理解し、自分の立場と相手の立場の両面から物事を見て行動することが求められます。

加えて、信頼関係を構築するためには、最終的なゴールを全メンバーで共有しておく必要があります。

このケースでは、「hitoe®」のビジネスをどのように実現するのか、そのゴールを明確に共有できていました。だからこそ、意見が衝突してまとまらなくなった場合には、「ゴールに到達するにはどの道を進むのが最適か」という原点の問いに立ち返り、一つにまとまっていくことができたと考えます。これは社外、社内ともにそうです。

一見、時間のかかるやり方に見えますが、大きなスケールで見れば全体的な時間を節約できます。2013年にNTTが開発した基礎技術は、2014年には東レの技術と融合して「hitoe®」に結実しました。この事実は、オープンイノベーションの推進に重要な示唆を与えています。「融合」とは、技術と技術を融合させること以上に、人と人との融合が必要になるのです。その融合の接着剤となるのが「信頼関係」です。

▼相手の戦略を理解していたか

信頼関係構築に尽力するというのは、闇雲に相手に気を使えばよいというわけではありません。適切な提携相手かどうかの見極めとも関係しますが、相手の戦略を理解することが第一歩です。

戦略は、相手が上場企業であれば、だいたいのところは把握できます。未上場の企業であっても、今なら大抵の企業がホームページを公開しています。限られた情報の中から相手の戦略に関する仮説を立て、実際に会った時に相手の考えを引き出す努力が必要になります。

戦略とは、その企業がどの方向に向かって進もうとしているかであり、自社が進む方向と相手が進む方向に一致する点がなければ、提携による信頼関係構築はそもそも難しくなります。

▼相手のカルチャーを理解していたか

頭の中で表面的に相手を理解していたつもりでも、心で理解できない場合があります。例えば、筆者の体験には次のような事例があります。

いかにも〝中小企業のオヤジ〟風に見える、オイルの付着した作業服に身を包んだ社長の手にあるのは、自らが開発した微細加工用の工具でした。社長はこの工具を、工場の生産現場で活用するために開発しました。

しかし筆者は、この技術が活きる用途は美容業界だと考え、美容業界の女性マネジャーと共同開発に向けた話し合いの場をセットしたのです。主な理由は、既に高度な自動化が進んだ微細加工の生産現場では活用の可能性が低いと考えたことです。一方、美容業界には、繊細な品質が求められる手作業が数多く存在していました。

女性マネジャーの評価は「デザインが良くない。もっとかわいいデザインなら使える」というものでした。これは事実上、高い評価を得たのと同じことです。つまり、機能性は優れ、価格も許容範囲内にある。あとは〝見た目〟を変えるだけで実用化できるという話でした。

しかし、会合後に工具を開発した社長が発した言葉は「彼女はいったい何なんだ！」でした。「俺は〝かわいい〟などと言われるために仕事をしているんじゃない」と言うのです。

物事とは、どの角度から視るかによって、全く違うものになってしまいます。物事を視る角度は、その人の立場や所属している業界、業種のカルチャーに支配されやすいです。その人の生まれ育った環境によっても異なります。もっと機能性の議論ができると期待していた社長にとって、女性マネジャーの言葉は意外なものであり、自社の技術が軽く扱われたと解釈したのです。

これは筆者にとって、カルチャーの違いを乗り越えて提携を成功に導くのは難しいと痛感させられた出来事でした。この後、デザイン変更のための社長の説得に時間を要したことは言うまでもありません。もし社長単独で会合に出ていたら、この話し合いはすぐに決裂していたでしょう。

この事例もNTTと東レの事例もそうですが、カルチャーの異なる異業種企業が提携するからこそ生まれるイノベーションがあります。この「カルチャーの違い」というのは、時間軸上の「モノサシの違い」という形で顕在化する場合もあります。例えば、レスポンスが遅い、といったことです。それだけで、信頼関係は容易に崩れてしまいます。不信感を抱く前に、相手のカルチャーの違いを理解しておくことが重要です。

▼自分たちは善であり、常に相手に問題があると考えてはいけない

さらに、信頼関係の構築において重要な考え方があります。これはオープンイノベーションに限らず、人間関係全般に言えることかもしれません。

これまで取引のなかった相手との提携となると、信頼関係の構築はよりハードルが高く、先述したようにカルチャーの違いから相手に不信感を抱くケースがあります。そのような場合はいったん立ち止まり、「相手に問題があるのは事実だが、こちら側には全く問題はなかったのか」と考えることも必要ではないでしょうか。

世の中に完璧な人はいません。相手の強みに魅力を感じたのなら、それを活かすための

工夫をすべきです。それは技術的な工夫だけでなく、人と人との信頼関係構築においても同様です。

自分たちにも非があったと認めることが、相手の問題を是正する第一歩となるはずです。それでも相手が問題を是正しなかった場合は、「解消」を視野に入れても仕方ありません。

▼オープンイノベーションの知的財産戦略は明確か

信頼関係を構築するために、「戦略の把握」と「人の思考」について述べてきました。そこまでできたとしても、最後に残された課題があります。それが、技術に関連する知的財産戦略です。

オープンイノベーションの知的財産戦略が明確かどうかは、信頼関係の構築において非常に重要です。人間関係の課題を乗り越えられたとしても、肝心の技術で融合できなければオープンイノベーションは成立しません。

仮に秘密保持契約を締結したとして、こちらの機密情報は開示したのに、相手は公開情報以外に何も情報や知見を開示しない。となれば、不信感が蓄積されていきます。その不信感というマグマは、どこかで爆発するかもしれません。筆者はそのようなシーンを何度も見てきました。オープンイノベーションの知的財産戦略は、提携先との信頼関係構築において必要不可欠なものなのです。

▼信頼関係なくしてオープンイノベーションはない

オープンイノベーションとは、技術と技術の融合の前に、人と人との融合です。結局、動くのは機械ではなく人であり、人には感情があります。信頼関係を構築するためには、旧来の自前主義の発想を転換し、相手と対等な関係でスタートできる土台を作り、そのうえで信頼関係を構築していく必要があるのです。

それでは、これまで述べてきたことをどうすれば実現できるのか。次章以降で説明していきます。

第2章

新しいビジネスを導く「テクノロジー・コラボ術」とは

オープンイノベーションの基本要素は、対等な関係でスタートし、お互いが学びあい、ゴールは両者ともに勝者になることです。このゴールである「Win-Win の関係」をいかに設計していくかが課題となります。

自社の強みを活かし、他社のテクノロジーも活かすことで、将来も含めた自社の弱みを克服する「戦略的なテクノロジーの融合」を、まずは自社の観点から描きます。その描いた構想を実現できる適切な相手を探し、見極め、その相手を踏まえた具体的な Win-Win の関係を構築する知的財産（知的財産権だけでなくノウハウや情報資産を含めた広義の意味）の組み合わせをプランニングします。そのうえで、提携相手のビジネスを踏まえた成果の配分を設計します。一方で、ビジネスは必ずしも計画通りにはなりませんから、リスクも勘案しておく必要があります。

このリスクマネジメントを含めた全体像を、本書では新しいビジネスを生み出すための「テクノロジー・コラボ術」と呼びます。本章では、この「テクノロジー・コラボ術」を実践していくための方法論とポイントを解説します。

2-1 戦略的なテクノロジーの融合が市場を創る

「戦略的なテクノロジーの融合」とは、現在だけを見据えたものではありません。将来、自社には何が不足し、弱みになっていくかを踏まえたうえで、外部の技術と知見を導入し、新たなテクノロジーを形成する必要があります。独自の価値をどう生み出し、市場を創出していくのか、その具体的なイメージを紹介します。

▼戦略的なテクノロジーの融合は進んでいるか

まず、本書が主な対象としている「資本関係のない提携」よりも、よりテクノロジーの融合を進めやすい「M&A」のケースで検証してみましょう。

本書で扱うオープンイノベーションは、主に資本関係のない相手との提携を対象としています。これは、最も緩やかなアライアンスです。一方、M&Aは資本関係を伴う連携であり、経営を統合するケースもあります。連携度合いとしては、資本関係のない提携よりはるかに強力であり、テクノロジーの融合を推進しやすいのがM&Aだと言えるでしょう。外部の技術や知見を導入するという意味では、M&Aによるテクノロジーの融合も広義のオープンイノベーションに含まれると考えます。

テクノロジーの融合は、それ自体が目的ではなく、イノベーションを起こしていくための手段です。過去に行われたM&Aのケースで、実際にテクノロジーの融合によるイノベーションは生まれているのでしょうか。検証してみたいと思います。

図2－1は、製造業以外も含む日本のM&A件数の推移（公表されたものに限る）です。

図2-1：日本のM&A件数の推移（公表ベース）

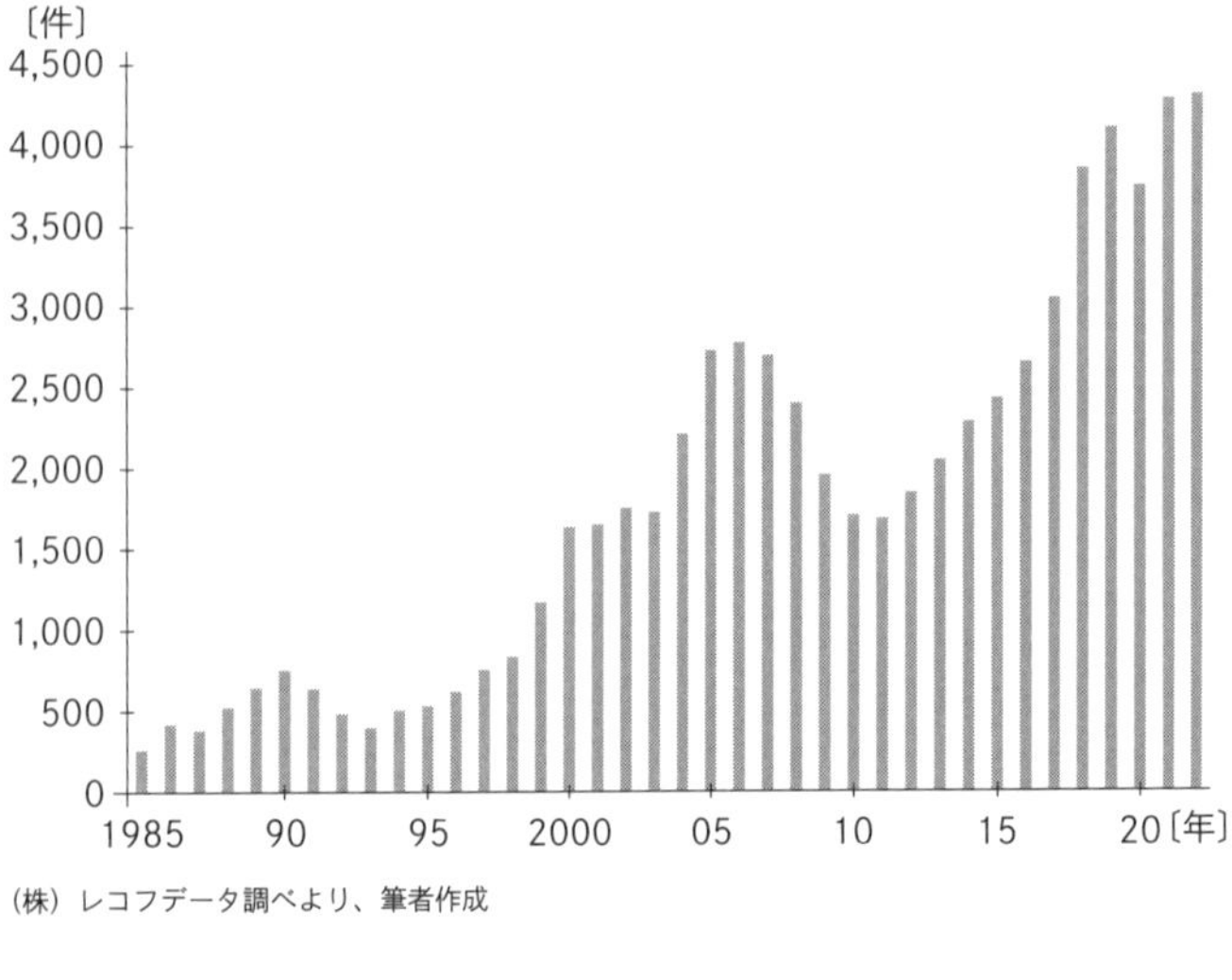

（株）レコフデータ調べより、筆者作成

２０００年代以降、日本でもＭ＆Ａは増えています。モノづくり企業のＭ＆Ａは、必ずしもテクノロジーの融合を目指すものばかりではありません。海外の販路を確保するために、外国企業を買収するケースもあります。しかし、長期保有を目的としたＭ＆Ａの場合、モノづくり企業であれば「戦略的なテクノロジーの融合」を目指す事例が圧倒的に多いと推測できます。そこで、Ｍ＆Ａによってイノベーションがどの程度生まれたか、検証してみました。

図２－２は、財務省法人企業統計調査（２０２２年度）より、日本の製造業のバランスシート（Ｂ／Ｓ）における投資有価証券、利益剰余金、現金・預金の総額の推移を表しています。本書で言うモノづくり企業は製造業に限りませんが、ここではモノづくり企業の代表として製造業のデータで検証しました。

財務省法人企業統計調査は、すべての企業を反映したものではなく、一部の企業を抽出したものです。具体的には、資本金5億円以上の企業は全数を反映し、資本金5億円未満の企業は、等確率系統抽出法によって抽出したものです。それでも日本全体の１・２％の企業データを反映しており、製造業であれば（全製造業66万社の1・2％として）８０００社分のデータが反映されていますので、全体的な傾向を見るには十分と言ってよいでしょう。

図2-2：製造業B/Sにおける投資有価証券、利益剰余金、現金・預金の推移
(a)：総額ベース

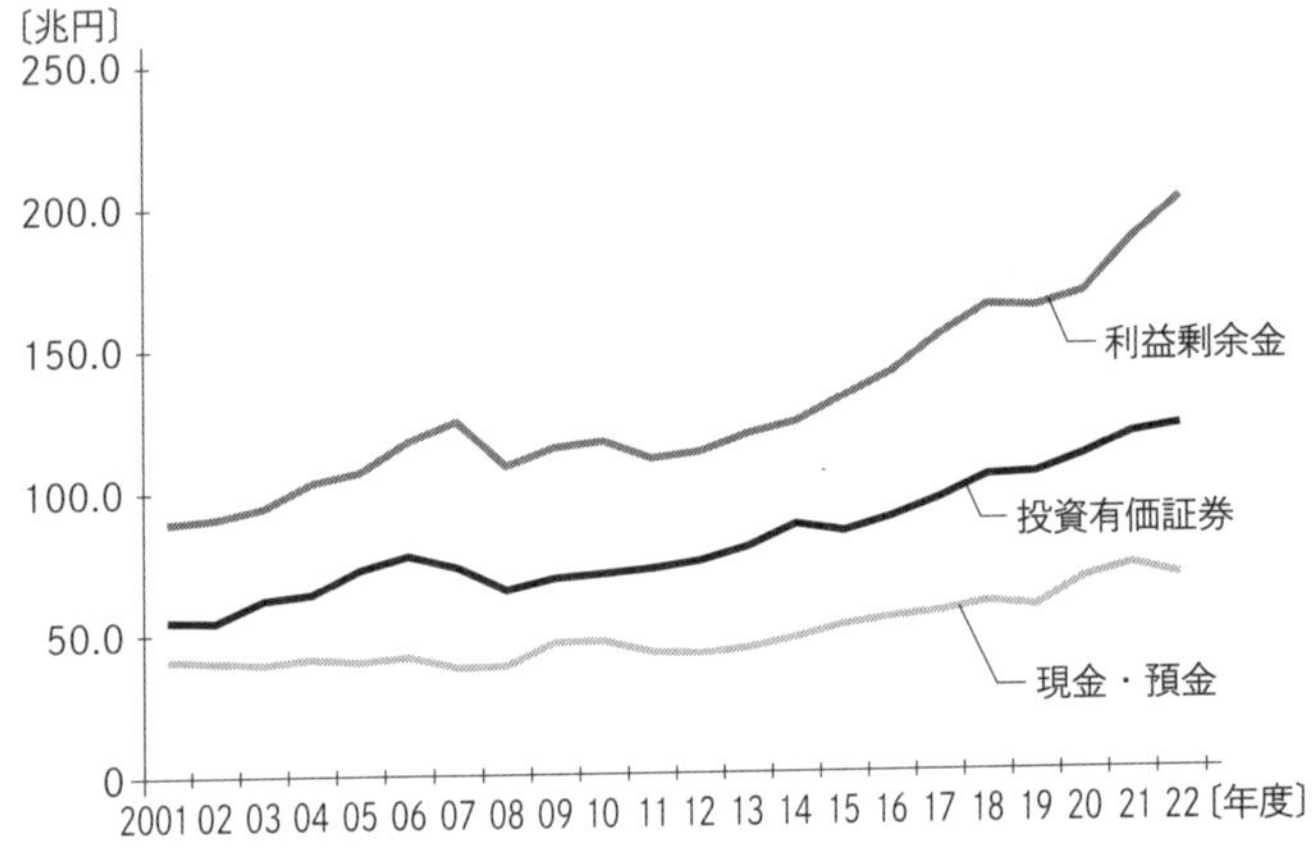

財務省法人企業統計調査（2022年度）より、筆者作成

図2-2：製造業B/Sにおける投資有価証券、利益剰余金、現金・預金の推移
(b)：2001年度を1.00としたケース

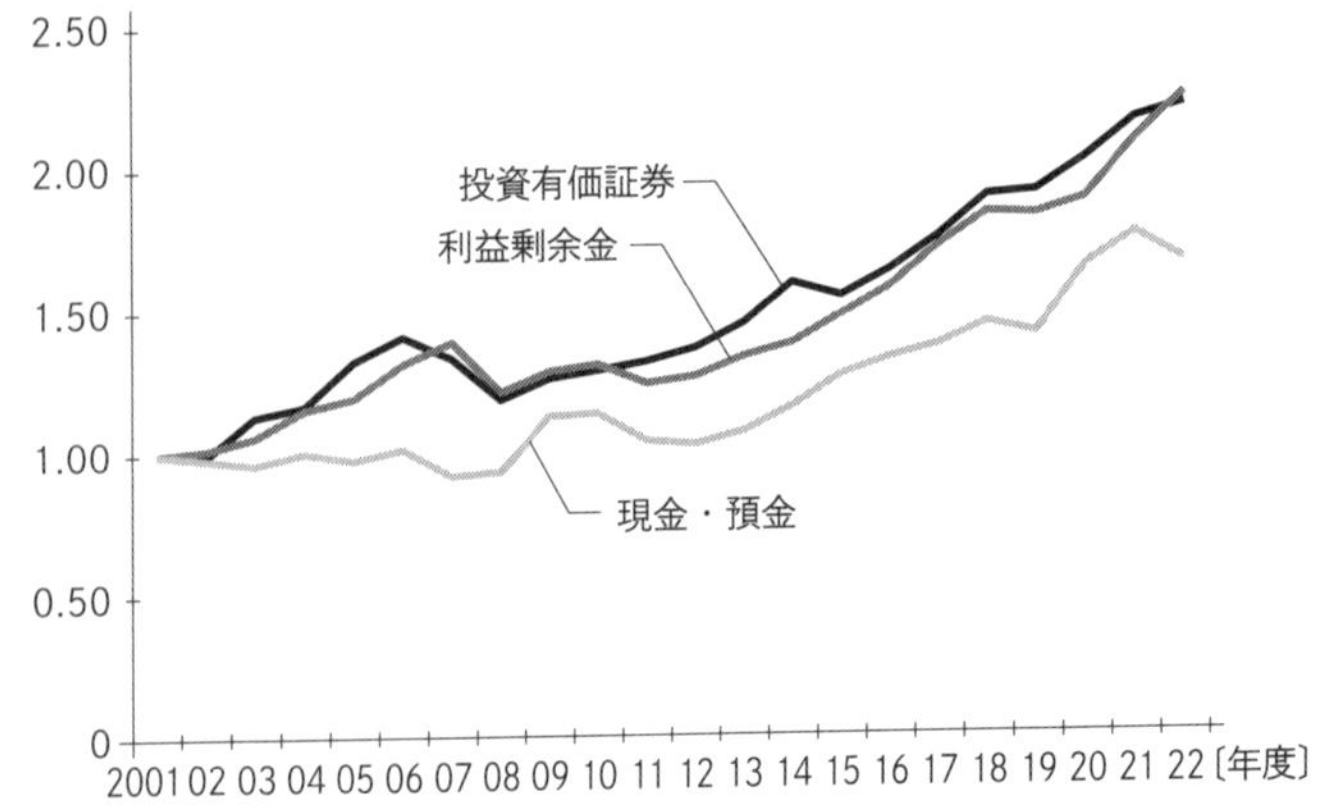

財務省法人企業統計調査（2022年度）より、筆者作成

よく問題視される、企業の「内部留保」と呼ばれているものは、財務会計で言うと「利益剰余金」になります。製造業の利益剰余金は、この22年間で2倍以上に拡大しています（図２－２(a)参照）。しかし図２－２(b)に示す通り、２００１年度を１・００として検証すると、「現金・預金」は利益剰余金ほどは増えていません。

一方で、「投資有価証券」は利益剰余金にぴったりと寄り添うように拡大しています。投資有価証券とは、企業が長期間保有することを前提とした株式です。これが増えているということは、子会社や資本関係のあるグループ会社が増えていることを意味します。投資有価証券の拡大には、分社化などで子会社を新設したケースも含まれますが、近年のM＆Aの拡大を踏まえれば、製造業においても買収によって外部企業をグループ内に加えたと見るのが妥当です。

図２－３に、企業の資金調達手段の資本構成を示しました。近年は、社債の発行や金融機関からの借入金（固定負債や流動負債に該当する）に依存せず、利益剰余金のような自己資金（純資産）を原資とする傾向が強まっています。つまり、内部留保は単にお金を貯め込んでいるわけではなく、M＆Aをはじめとする戦略的な投資に使われているわけです。これは健全な経営であり、そこまではよいでしょう。

問題は、内部留保を使って買収した企業の技術的な強みを、自社の強みにうまく活かせているかどうかです。外部企業と自社のテクノロジーを融合させ、効果的なイノベーションを起こせているでしょうか。

そこで、同じ財務省法人企業統計調査（2022年度）に基づき、今度は製造業の損益計算書（P／L）から売上高と費用、利益の推移を、2001年度を1・00として見てみました。それが図2－4です。

図2－4(a)を見ると、営業利益が細かく増減しながらも傾向としてはこの22年間で（営業利益の近似直線より）約1・3倍に向上しています。為替の影響が最も大きいと考えられますが、それ以外の要因としては、同じグループ企業となって経理や

図2-3：製造業B/Sにおける資本構成の推移

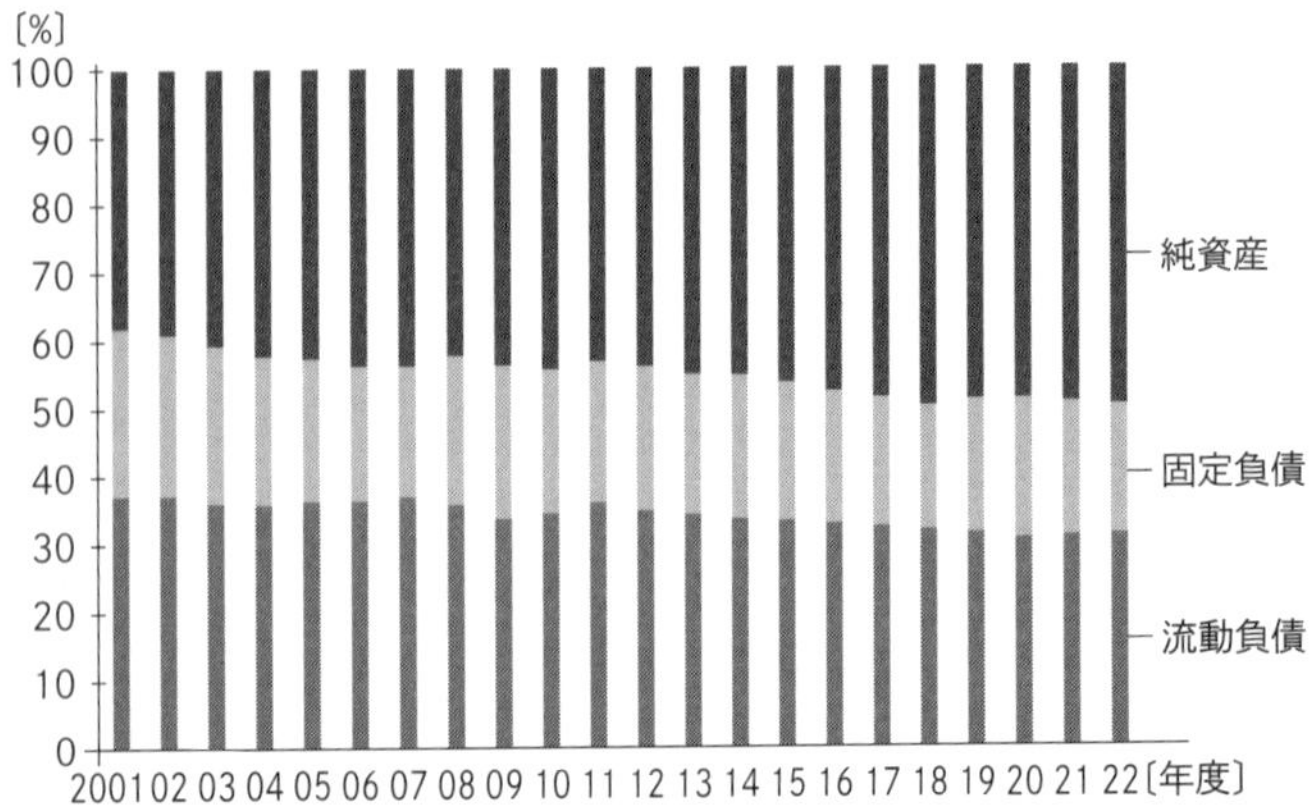

財務省法人企業統計調査（2022年度）より、筆者作成

総務のような業務を統一して省力化したり、物流や購買を共通化して調達コストの低減を図るなど、様々な工夫によって経営効率を向上させた成果だと推測できます。製造業のこうした企業の効率化のための創意工夫には頭が下がる思いです。

その一方で、売上高はほぼ横ばいの状態です。また、図２－４(b)で２００１年度を１・００として見ると、販売費および一般管理費は５％ほど減少しています（近似直線参照）。

先述したように、営業利益が拡大した大きな要因は為替です。図２－４(c)の通り、２０００年初頭のネットバブルの崩壊や、２００８年のリーマン・ショック、２０２０年に始まったコロナ禍などの特殊要因を除けば、営業利益の増減と為替の変動はほぼ連動しているからです。

そして図２－４(d)の通り、売上高と粗利益（売上高から売上原価を差し引いた金額）はほぼ完全に一致しています。これは、従来以上に付加価値の高い製品を生み出せていないからだと考えられます。

お伝えしたように、このデータは日本のモノづくり企業全体が反映されたものではありません。また、売上高や粗利益の増減だけでイノベーションの有無を判断できるわけではありませんが、M&Aによって外部企業を獲得し、テクノロジーの融合によってイノベー

図2-4：製造業におけるP/Lの推移
(a) 売上高・営業利益の推移

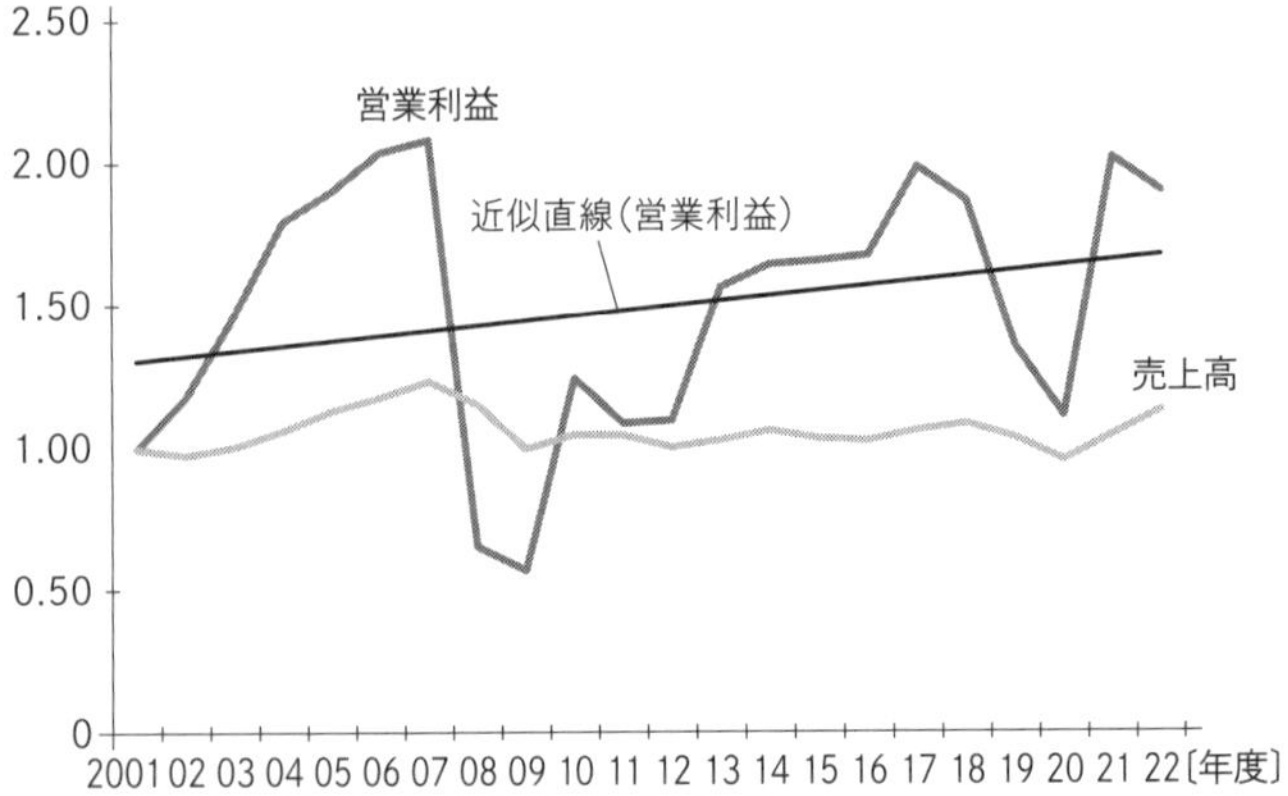

財務省法人企業統計調査（2022年度）より、筆者作成

図2-4：製造業におけるP/Lの推移
(b) 売上高・販売費および一般管理費の推移

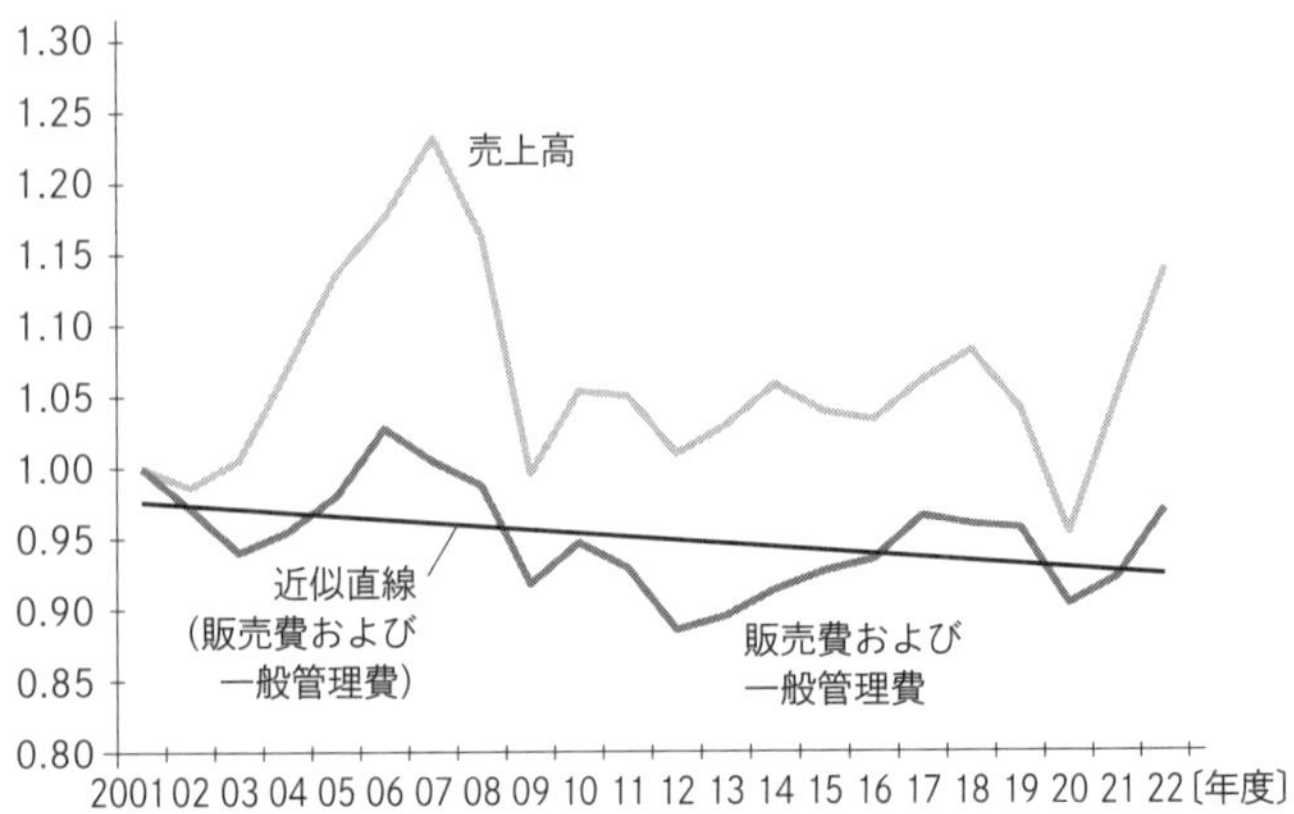

財務省法人企業統計調査（2022年度）より、筆者作成

図2-4：製造業におけるP/Lの推移
(c) 為替と営業利益の推移

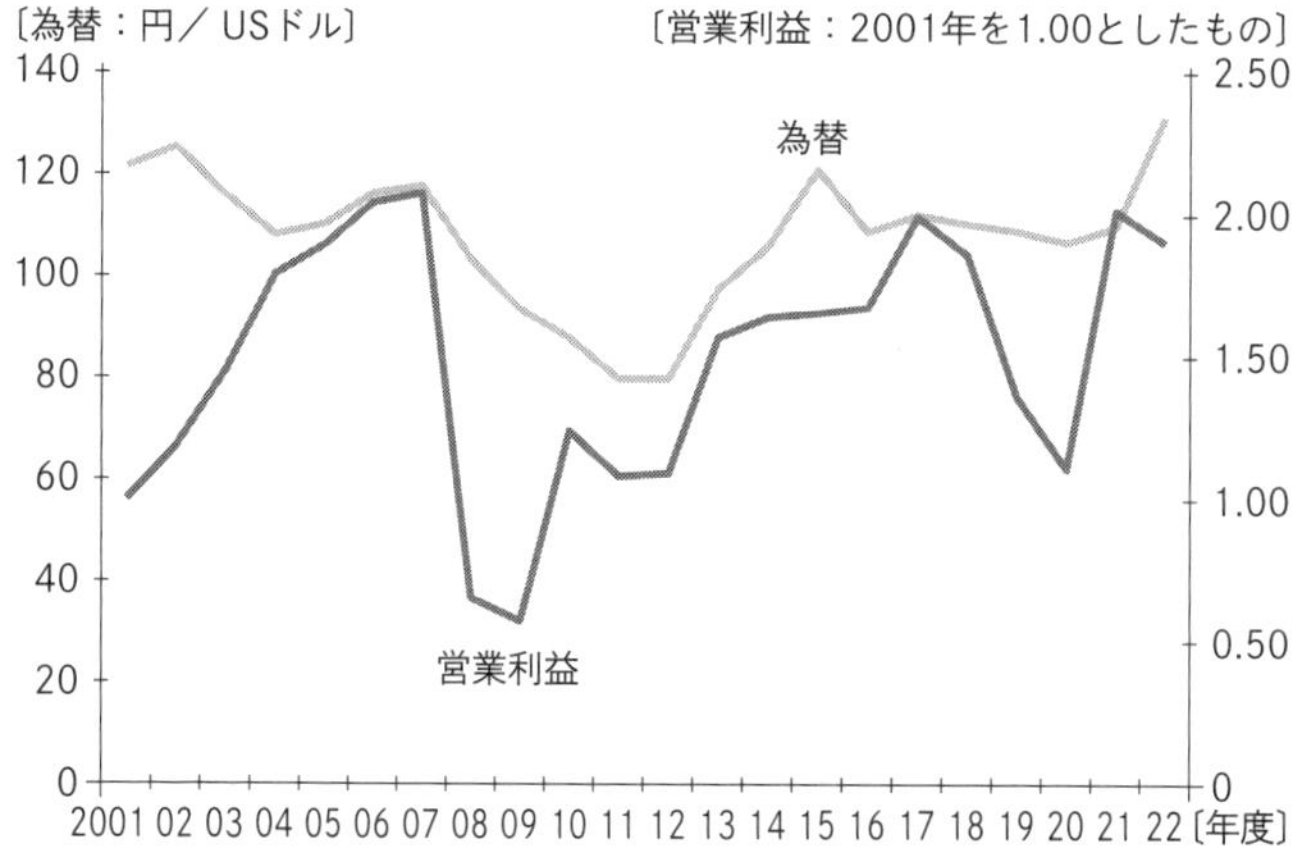

財務省法人企業統計調査（2022年度）より、筆者作成

図2-4：製造業におけるP/Lの推移
(d) 売上高と粗利益の推移

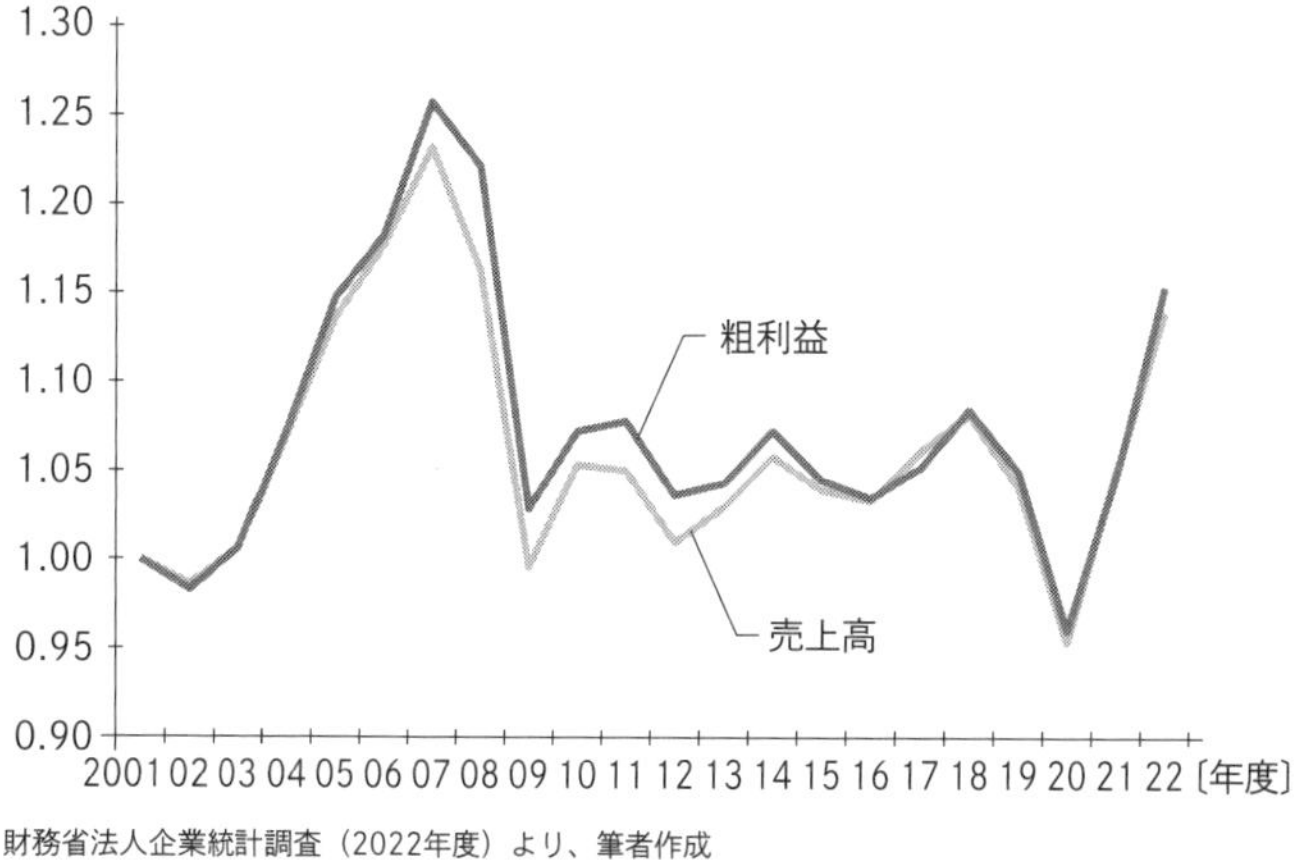

財務省法人企業統計調査（2022年度）より、筆者作成

ションを起こし、新たな市場を創出するという理想は、あまり実現できていないと言えるのではないでしょうか。もちろん、新たな市場を創出している例もありますが、市場の創出・拡大と市場の減少が相殺されているレベルだと考えられます。

買収した企業のテクノロジーを自社のテクノロジーと組み合わせ、新たなテクノロジー資産を生み出して市場を創出、拡大する。各社、そうなるように努力しているものの、全体としてはあまり成功していないのです。

しかし、時代の趨勢《すうせい》を見極めながらM&Aによって外部の優れたテクノロジーを取り込み、もともと自社が有するテクノロジーと融合させて新たなテクノロジー資産を形成し、会社そのものを業態転換して進化させていった企業が日本にもあります。

▼精密加工技術を起点に進化し続けた、ミネベアミツミのM&A戦略

世の中には、回転機械というものが数多くあります。自動車や鉄道のような輸送機器がそうですし、発電機は回転によって電気を作っています。こうした回転体を円滑に運用するために不可欠な要素技術が「ベアリング（軸受け）」です。このベアリングは、精密に加

工された金属製のボールと、内輪、外輪から構成されます。まさに金属精密加工技術の結晶とも言える製品です。

ベアリングの専門メーカーだったミネベアは、M&Aによってエレクトロニクスや半導体デバイスのメーカーに生まれ変わりました。それが、２０１７年にミツミ電機と経営統合して誕生したミネベアミツミ株式会社です。

ミネベアは、１９５１年にミニチュアベアリングの専業メーカーとして創業しました。終戦後、満州から帰国した旧満州飛行機製造の技術者が、航空機産業の発展に夢と情熱を託して立ち上げた会社だったそうです。

同社はその後、電子機器の分野に進出。スマートフォンに使用される液晶バックライトで事業を急拡大させました。この液晶バックライトに該当するのが、図２−５に示す「エレクトロデバイス事業」です。

同社は、スマートフォンの隆盛に陰りが見え始める前にミツミ電機と経営統合し、旧ミネベアの技術と旧ミツミ電機の技術を融合させて本格的なエレクトロニクスメーカーを目指しました。加えて、セイコーグループの半導体部門であったエイブリック株式会社を買収し、半導体の領域にまで事業を拡大しました。

図2-5：ミネベアミツミの事業別業績推移

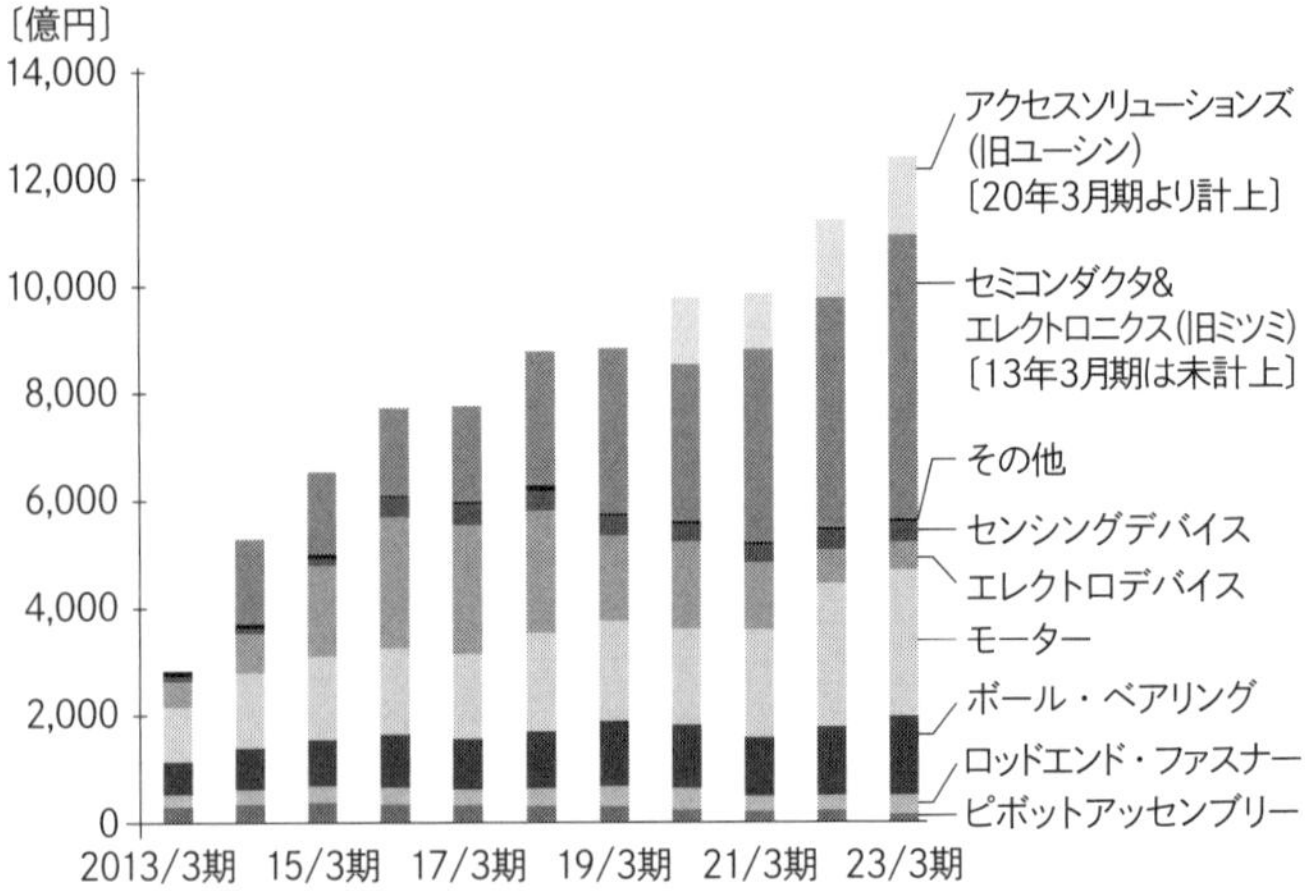

ミネベアミツミ（株）決算説明会資料より、筆者作成

図2-6：ミネベアミツミのM&Aの歴史

1974年	ひずみ測定器大手メーカーの新興通信工業を買収
1975年	米電子機器メーカーや日本のネジ総合大手などを相次ぎ買収
1977年	米マロリー社のモーター部門を買収
1985年	米ベアリング大手、ニューハンプシャーボールベアリングを買収
2010年	パナソニックのモーター事業を買収
2017年1月	センサーや通信を手掛けるミツミ電機と経営統合。社名をミネベアミツミに
2017年9月	医療・航空機用の精密機械加工の米C＆Aツールエンジニアリングを買収
2019年8月	自動車ドア関連部品メーカーのユーシンを子会社化
2020年4月	セイコーインスツルのアナログ半導体事業を母体とするエイブリックを子会社化

ミネベアミツミ（株）沿革より、筆者作成

ミネベアの時代に液晶バックライトで大成功できた背景には、ベアリングで培ってきた精密加工技術があります。図2－6に示すように、1975年に買収した米国の電子機器メーカーの技術と組み合わせたことによるものでした。

液晶バックライト（LEDバックライト）の要となる「放熱技術」には、ファンモーターやスイッチング電源で磨き上げた熱解析技術が活きています。また、「バックライトインバーター」には、スイッチング電源で培った回路技術を活かし、液晶ディスプレイの市場拡大に貢献しました。

さらに、プロジェクターの映像を高色彩化・高演色化する部品である「カラーホイール」という製品を開発しています。これには、液晶ディスプレイで培った光学薄膜技術と、ハードディスクドライブ用のスピンドルモーターで培った精密小型モーター技術が活かされています。この技術は、1977年にモーター事業を買収して手に入れたものです。

ミネベアミツミはベアリングの自社技術を基盤とし、その上にM&Aで外部から獲得したテクノロジーを組み合わせて「液晶バックライト」という新たなテクノロジー資産を形成しました。さらに、そこからエレクトロニクス分野にも進出しました。ミツミ電機やユーシンが持つ技術を加えて本格的なエレクトロニクスメーカーへと進化し、さらにアナログ半導体という巨大市場を見据えてエイブリックを買収しました。

図2－7に示す通り、ミネベアミツミグループは約8000件の特許権を保有しています。M&Aによって同じグループとなった企業のテクノロジーを融合させ、新たな価値を創出して事業をどんどん拡大させているのです。例えば、アナログ半導体であれば、ミツミ電機だけでは不足している要素をエイブリックのテクノロジーで強化しています。

ミネベアミツミはM&Aを上手に活用しているわけですが、他社との提携でもオープンイノベーションを推進しています。2017年には株式会社リコーと提携し、体重、体動、呼吸状態などの生体情報を高精度にモニタリングできるベッドセ

図2-7：ミネベアミツミの事業を構成する特許ポートフォリオ

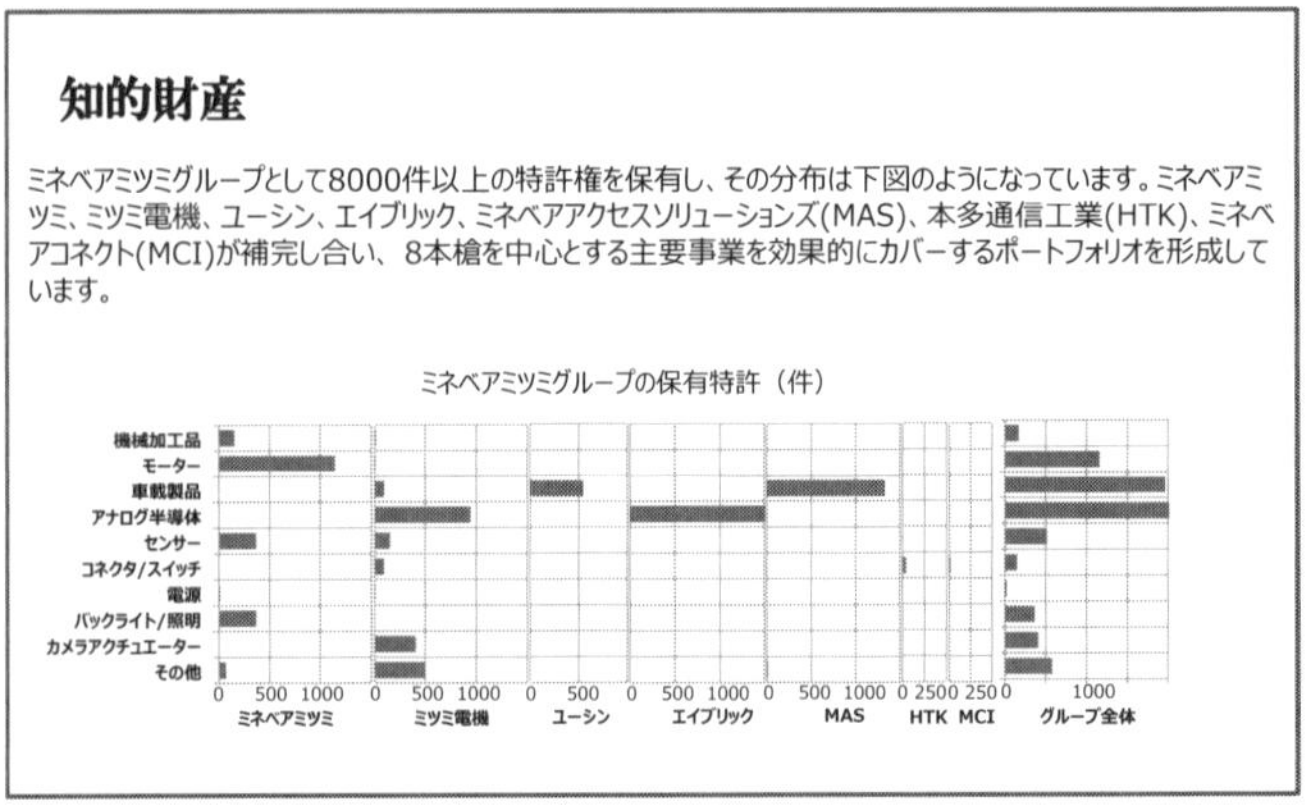

「ミネベアミツミ株式会社2023年の統合報告書」P52「戦略2」の図より引用

ンサーシステムを共同開発しています。「リコーみまもりベッドセンサーシステム」という名称で2018年に発売しました。

このように、ミネベアミツミは提携、共同出資（後述）、買収、経営統合を戦略的に使い分けてオープンイノベーションを実施しているのです。

▼組織としての「進化戦略」は明確にする

オープンイノベーションによってWin-Winの関係を構築するためには、まず自社の観点からテクノロジーの融合戦略を描く必要があると述べました。どうすれば、それを描くことができるのでしょうか。

M&Aであっても、外部のテクノロジーを融合させることは容易ではありません。ミネベアミツミが外部のテクノロジーをうまく融合できたのは、将来を見据えた成長戦略が明確だったからと考えます。

「成長戦略」と言うと、売上をいかに拡大するかといったイメージが強いので、本書では組織としての「進化戦略」と表現します。ミネベアミツミは、将来を見据えた進化の方向性を明確にしていたため、将来不足する経営資源が見えていました。

同社は、1970年代に得た電子機器メーカーの技術を活かして液晶バックライトの事業を成功させた後、エレクトロニクスメーカーとしてさらに進化するには、技術資源が不足していると考えました。ミネベア（当時）は、極小ベアリングやモーターなど、「出力系」に関する製品群を持っていました。一方のミツミ電機（当時）は、アンテナやセンサー、コネクター部品などの「入力系」の製品群を持っていました。両社は競合分野が少なく、補完関係が成り立つことから、「対等の精神で経営統合した（2016年10月12日付プレスリリースより）」のです。「入力系」と「出力系」の両方を有することにより、エレクトロニクスメーカーとしての未来を描いたのでしょう。

同社が「対等の精神」と主張しても、統合当時は「ミネベアによるミツミ電機の救済色が強い」と言われていました。しかし現在、図2－5に示す通り、ミネベアミツミの成長エンジンの一つは、明らかに旧ミツミ電機の事業です。ミネベアとミツミが学びあった成果と言えるのではないでしょうか。

オープンイノベーションとは、目的ではなく手段です。組織としての「進化戦略」があってこそ、その手段であるオープンイノベーションによる戦略的なテクノロジーの融合が可能になると考えます。

▼「失敗」という財産を活かした「コンビニ淹れたてコーヒー」による市場の創出

本節のテーマは「戦略的なテクノロジーの融合が市場を創る」です。テクノロジーの融合はある程度イメージできても、「市場を創る」となると少し難しいかもしれません。

読者の中には、「ミネベアミツミのケースは結果からの後付けであり、スマートフォン需要の伸びに乗じて液晶バックライト事業が成長しただけではないか」というご意見もあるでしょう。また、「市場を創るといっても、人口が減少する日本では無理だ」という意見をよく耳にします。確かに、人口減少はビジネスにおいてマイナス要因かもしれません。しかし、テクノロジーを融合してイノベーションを起こし、市場に刺激を与えて新たな市場を生み出すことは、絶対に不可能とは言えません。

図2−8は、日本国内のコーヒー消費量の推移です。併せて、日本の人口推移も示しました。日本の人口は2011年頃をピークに減少していますが、コーヒーの消費量は

1996年頃から拡大し、2007年以降にいったん鈍化したものの、2013年頃から再び拡大しています。

その背景には、まず1996年にスターバックスが日本に上陸し、1997年にはタリーズコーヒーが出てくるなど、コーヒーショップの革新がありました。加えて、各飲料メーカーの工夫による数々のイノベーションがあり、2015年には米国のブルーボトルコーヒーが上陸して「サードウェーブ」を巻き起こした影響もあります。サードウェーブとは、ブレンドでない浅煎りのシングルオリジンコーヒーが流行した現象を指します。

こうした各社の努力により、日本のコーヒー市場は人口減少という逆風に逆らって成長してきたのです。

図2-8：日本国内のコーヒー消費量と日本の人口推移

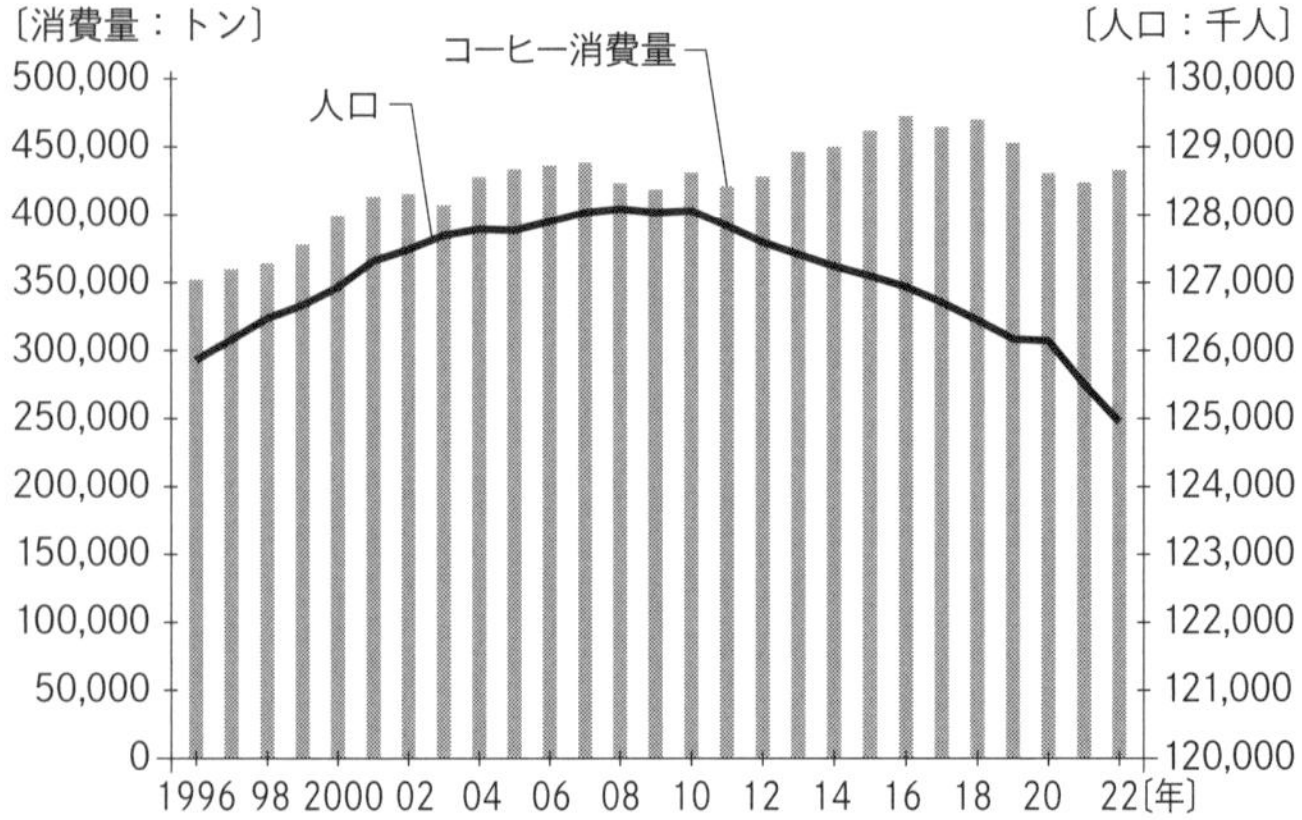

全日本コーヒー協会のデータより、筆者作成

コーヒー市場の拡大に起因したイノベーションの一つと考えられるのが、コンビニエンスストアのヒット商品「コンビニ淹れたてコーヒー」です。最初に始めたのはセブン-イレブンで、2013年のことでした。市場拡大の立役者の一人と言えるのではないでしょうか。

実は、コンビニ淹れたてコーヒーの開発は5度目の挑戦でようやく成就したもので、そこに至るまではイバラの道のりだったそうです。

セブン-イレブンが最初に淹れたてコーヒーに挑戦したのは、1980年代前半です。「コンビニで淹れたてコーヒーを購入するユーザーはいる」という仮説のもと、店内にコーヒーサイフォンを用意してコーヒーを作り置きし、小分け方式で販売しました。しかし、味覚と香りを維持するため、1時間ごとに作り替える必要がありました。需要予測が外れた店は、商品回転率が悪化してしまったそうです。コーヒーは一定量売れましたが、不採算店舗が出たことから、この企画は中止になりました。

結果としては失敗ですが、「一定量は売れた」という一筋の光明があったことから、1988年頃に再び淹れたてコーヒーに挑戦しました。注文の都度作る方が効率が良く、①常に新鮮さを保持できる、②余ったコーヒーの廃棄ロスを減らせる、③衛生管理が容易になる、といったメリットがあると考えられました。そこで、ドリップ方式が採用されます。しかし、店内に焦げたような香りが漂ったことから、またもやこの企画は中止となりました。

おそらくセブン-イレブンは、ここまではコーヒー専門店の市場を獲ることを考えていたはずです。しかし、コーヒー専門店と同じやり方では無理があると気付きました。コンビニに合った手法を選ぶ戦略に改めます。カートリッジ方式を採用し、1990年頃に3度目の挑戦を試みましたが、失敗しました。カートリッジ方式ではコーヒー豆を粉末状に加工するのですが、肝心の風味が失われ、味が落ちてしまったそうです。

「三度目の正直」という言葉があります。大抵の企業は、3度目に失敗すればあきらめることが多いでしょう。

しかし、2000年頃からスターバックスを含むコーヒーショップの大躍進が始まり、エスプレッソやカフェラテが人気を集めました。セブン-イレブンはこれを見て、商品をエスプレッソやカフェラテに変えて4度目の戦いを挑んだのです。

これが、「バリスターズカフェ」です。エスプレッソタイプ（圧力抽出式）のカートリッジを採用し、セルフサービスで提供しました。しかし、これがなんと一店舗あたり一日25

杯しか売れなかったのです。店内のコーヒー売上比率を見ると、97％が缶コーヒー。バリスターズカフェは３％しか売れず、大敗北となりました。

エスプレッソは万人受けしませんでした。日本人の嗜好《しこう》にはペーパードリップ式の方が合うと考え、美味しくて飲みやすい、本格派のコーヒーで勝負すべきだと考え直したのです。そこで、外食産業で人気を博す２００社のコーヒーを徹底的に分析し、飲みやすさと飲み応えの最適なバランスを追求しました。それが５度目の挑戦となり、現在の「セブンカフェ」の成功につながります。

セブン-イレブンは過去４度の失敗から学んだ知見を財産とし、コンビニが提供するのに最適なコーヒーの味を見出しました。ここから電機メーカー、焙煎技術を持つメーカー、商社などと連携して「コンビニ専用のコーヒーマシン」を開発したのです。３社と連携するオープンイノベーションです。２０１２年８月に北海道、秋田県、鹿児島県で先行導入し、手応えを得て２０１３年から全国に展開しました。

もしセブン-イレブンが電機メーカーなどに開発を丸投げしていたら、コンビニ淹れたてコーヒーは成功しなかったのではないでしょうか。４度の失敗から学んだ財産がなければ、この連携は不可能だったはずですし、新しい市場の創出には至らなかったでしょう。

なお、モノづくり企業が提携する相手は製造業に限定する必要はありません。モノづくり企業以外の異業種企業との提携からイノベーションは起こせますし、後に述べる成果の配分設計も行いやすくなります。

▼オープンイノベーションで新市場を創出できる

新市場の創出とは、何もないところからいきなり市場を生み出すという意味ではありません。その可能性もゼロではありませんが、既存市場に後発で参入し、そこになかったテクノロジーで派生的に新たな市場を創出するケースが多いと考えます。新たなテクノロジーを生み出すところに自社だけではできないオープンイノベーションを実行する意義があります。

セブン‐イレブンのケースも、本格的なコーヒーショップや缶コーヒーが作ってきた既存の市場に「コンビニ淹れたてコーヒー」という新たなテクノロジーを持ち込み、そこから派生する新市場を創出した事例と言えるでしょう。

2-2 Win-Winの関係を構築できる戦略的な提携相手の見極め

「どのような相手と組むべきか」という提携相手の見極めは、多くの企業が悩むところです。

NTTと東レの事例のように、同じモノづくり企業でも非製造業と製造業の場合は、ビジネスの棲み分けをしやすいです。セブン-イレブンは小売業であり、コーヒーマシンを作るメーカーと事業が競合することはありません。ビジネスの棲み分けがうまくできれば、残る課題は共同開発の成果である知的財産権の取り扱いです。

難しいのは、メーカー同士の提携です。お互いに製造業で、製品を製造する力がある。この場合、Win-Winの関係をどう構築するかは難しい課題になりやすいです。技術者であれば、相手の技術を見極めることはできるでしょう。しかし、それと同じくらい重要なのは「戦略のすり合わせ」が可能かどうかの見極めです。

どのような戦略を持つ相手が、提携先として相応しいのでしょうか。

▼異なる戦略のコラボレーション

オープンイノベーションは対等な関係でスタートし、お互いが学びあい、ゴールは両者がともに勝者になることだと述べてきました。「両者が勝者」になるためには、最初の契約段階から Win-Win となれるビジネススキームを設計できていなくてはなりません。

誰とでも Win-Win の関係を作れるわけではありません。Win-Win の関係になれる相手とは、どのような企業なのか。一つの答えは、進化戦略が異なる企業です。進化戦略の違う企業が同じゴールを目指す場合、ビジネスの棲み分けがしやすいからです。

図2−9に示すのは、経営学の有名なフレームワーク「アンゾフの成長マトリクス」です。アンゾフの成長マト

図2-9：アンゾフの成長マトリクス

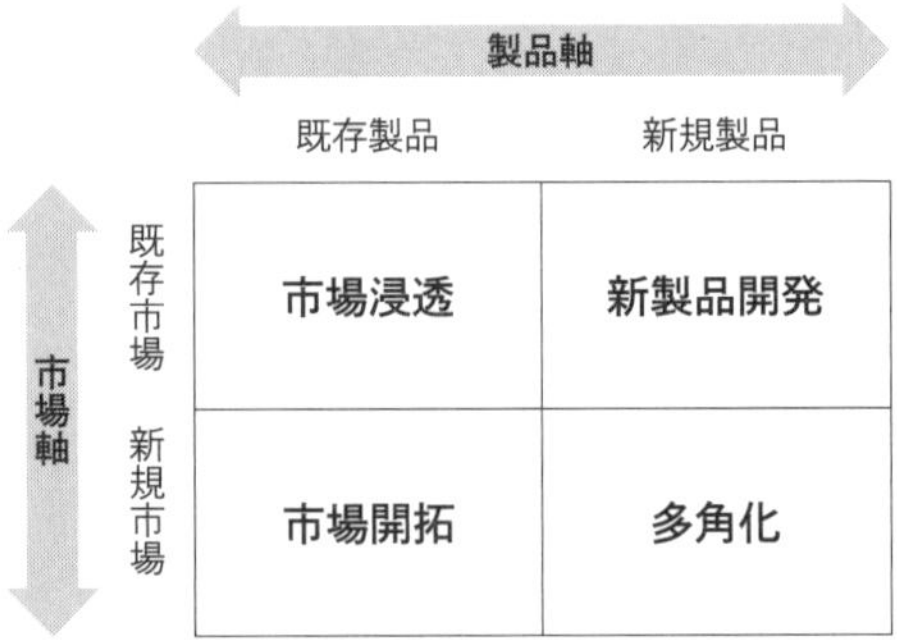

筆者作成

リクスは「成長戦略」を可視化するものですが、ここではあえて「進化戦略」と表現します。

アンゾフの成長マトリクスは、横軸に製品軸、縦軸に市場軸を取ります。これを、「既存」か「新規」かで区分します。

既存市場で既存製品を押さえていく戦略を「市場浸透戦略」と言います。逆に、既存市場に新規製品を投入していく戦略を「新製品開発戦略」と言います。新規市場に対しては、既存製品で新規市場を開拓する戦略を「市場開拓戦略」と言い、新規製品で新規市場を開拓する戦略を「多角化戦略」と言います。

これは、会社がこれから目指す方向性と進化のあり方を示すマトリクスです。進化戦略が異なる企業同士の方がお互いに学びあい、Win-Winの関係を構築しやすいと言えます。

▼新規市場開拓と既存市場強化の組み合わせ

オープンイノベーションの具体的なケースを、三つご紹介しましょう。

一つ目は、2014年にオランダの電気機器メーカーであるフィリップス（コーニンクレッカ・フィリップス）が「ヌードルメーカー」という家庭用製麺機で日本市場に進出しようとした事例です。本格的なコシのある生麺が簡単にできると評価されている製品で、もともとはパスタ用として欧州で販売されていたものです。

フィリップスと言えば日本では電気カミソリが有名ですが、ヘルスケア製品から医療機器など様々な電気機器を生産する総合エレクトロニクスメーカーです。家電調理器も幅広く扱っています。フィリップスは本格的なパスタを作れる家庭用製麺機を開発し、欧州で成功していました。この家庭用製麺機を、日本市場に売り込もうとしたわけです。

家庭用製麺機を日本で売るからには、「うどん」や「蕎麦」を作れるようにすべきだと考えたそうです。しかし、欧州企業であるフィリップスには、うどんや蕎麦に関するノウハウがありません。そこで、株式会社日清製粉グループ本社に相談し、レシピを提供してもらいました。日清製粉グループ本社は、家庭用の小麦粉市場が頭打ちになっていたことから、この家庭用製麺機が市場の起爆剤となることを期待してレシピを提供したそうです。

これにより、フィリップスはパスタだけでなく、うどんや蕎麦も作れる家庭用製麺機の開発に成功し、日本で新たな市場を創出しました。今では多くの競合製品が出ており、市場が確立しています。

二つ目は、2010年にユニ・チャーム株式会社がヨネックス株式会社と高齢者向けのガードルを共同開発したケースです。高齢者が転倒して大腿骨を骨折し、そのまま寝たきりになるという事故が増えていることから、ユニ・チャームは高齢者の転倒時の骨折を防止する「転ばぬ先のあんしんガードル」という製品を企画しました。

ユニ・チャームの狙いは、高齢者市場向けの商品ラインナップを強化することです。その一環として、このガードルを開発しました。このガードルには、ヨネックスが開発したパワークッション技術が採用されています。採用当時のパワークッションは、7メートルの高さから落とした生卵が割れないレベルの衝撃吸収能力を備えていました（2023年現在の最新技術では12メートル：ヨネックスHPより）。このパワークッションは、シューズ用に開発されたものです。これをガードル用に転用したのです。

ガードルの開発に活用したユニ・チャームの独自技術は、腰回りに製品を装着するノウハウです。人の身体に長時間、何かを装着するには特別なノウハウが必要です。ユニ・チャームは紙おむつや生理用品などの開発で、それを蓄積していました。両社の技術と知的財産を融合させてできたのが、この製品なのです。

三つ目は、2018年に建築材料や住宅設備機器の大手メーカーである株式会社

ＬＩＸＩＬが、楽器メーカーのローランド株式会社と「音」にこだわったトイレ用音響装置を共同開発した事例です。

「トイレ使用時の音を人に聞かれたくない」というニーズがあり、公共施設ではトイレ用音響装置が設置されている場合があります。しかし従来の装置は、録音したトイレの流水音などを再生して音を隠すだけであり、「聞かれたくない」というニーズを十分に満たせていませんでした。ＬＩＸＩＬはトイレ設備に関わる多様なノウハウを持ち、顧客のニーズも把握していますが、音に関する知見は持っていません。

そこで、ＬＩＸＩＬは音の専門家であるローランドと組み、「マスキング効果」を応用した「サウンドデコレーター」というトイレ用音響装置を共同開発しました。マスキング効果とは、異なる二つの音波が同時に耳に届く時、強い音波が弱い音波を打ち消す現象のことです。

トイレ使用時の音の周波数帯域を細かく分析し、徹底的にこだわった音で安心感を与え、小川のせせらぎや野鳥のさえずりといった森をイメージさせるサウンドで、リラックス感も味わえるそうです。音を聞かれないようにするために、無駄に水を流す行為を防ぎ、大幅な節水にもつながりました。

ローランドは、電子楽器の製造で音に関する技術とノウハウを蓄積しています。近年では電気自動車の走行時のサウンドを開発するなど、異業種企業とのコラボレーションを積極的に展開しているようです。LIXILとの協業により、トイレ設備という新たな市場を開拓したと言えます。

以上、三つのケースはいずれも業界や業種が全く異なる企業が手を組み、テクノロジーを融合させて画期的な製品を開発した事例です。

この三つの事例における提携企業の戦略を、先ほどのアンゾフの成長マトリクスに当てはめてみましょう。図2－10をご覧ください。

フィリップスと日清製粉グループ本社の戦略を分析すると、次のようになります。フィリップスは家庭用製麺機という既存製品で日本という新しい市場を開拓する「市場開拓戦略」であったのに対し、日清製粉グループ本社は小麦粉市場を活性化させたいという、既存市場で既存製品を強化する「市場浸透戦略」でした。

ユニ・チャームとヨネックスのケースでは、ユニ・チャームは新しい製品で高齢者市場という既存市場を強化する「新製品開発戦略」でした。一方、ヨネックスはパワークッションという既存技術をガードルという全く新しい市場に転用する「市場開拓戦略」でした。

LIXILは、トイレ設備という既存市場に音を活かした新製品を投入する「新製品開発戦略」と言えます。ローランドはトイレの音響設備という新しい製品を、全く馴染みのない新規市場に投入する「多角化戦略」でした。

注目すべきは、縦軸の市場軸です。いずれのケースも、一方が既存市場で勝負するのに対し、もう一方は新規市場で勝負する戦略でした。

まず、新規市場に進出する企業からアクションを起こすケースを述べます。共通しているのは、馴染みのない新規市場に進出するためのノウハウがないということです。提携する相手は、その市場に詳しい企業が良いでしょう。この時に重要なことは、新規市場に進出しようとする企業の技術が、相手の既存市場において画期的な製品を生み出せる可能性を示すことです。しっかりとした仮説を立てて提案していく必要があります。

同時に、相手企業が既存市場の強化を図る戦略を持っていることが重要です。オープンイノベーションにより、既存市場から派生する新たな市場を創出できる提案であれば、なお良いでしょう。

次に、既存市場を強化したい企業が、市場に刺激を与えられるようなテクノロジーを持

図2-10：(a) フィリップスと日清製粉の戦略比較

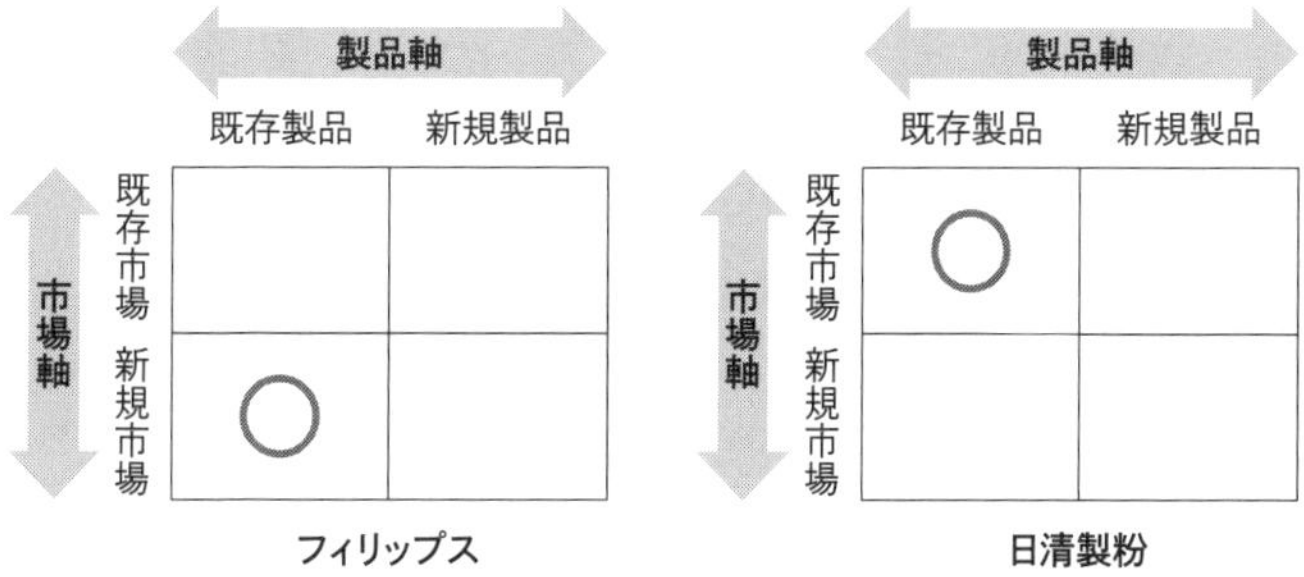

図2-10：(b) ユニ・チャームとヨネックスの戦略比較

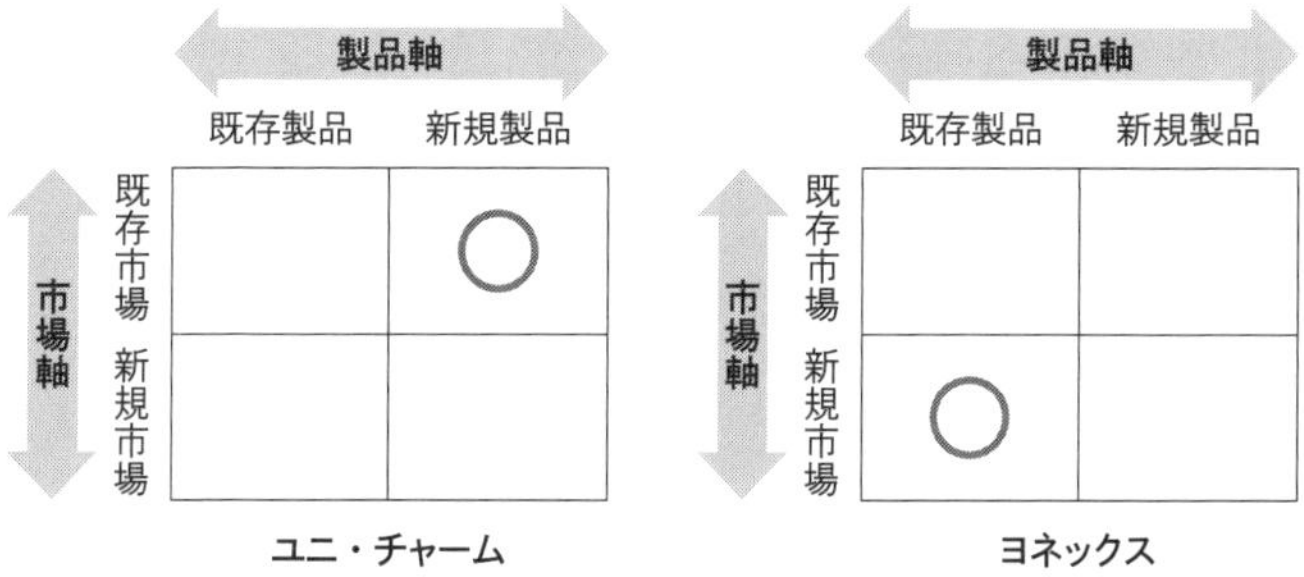

図2-10：(c) LIXILとローランドの戦略比較

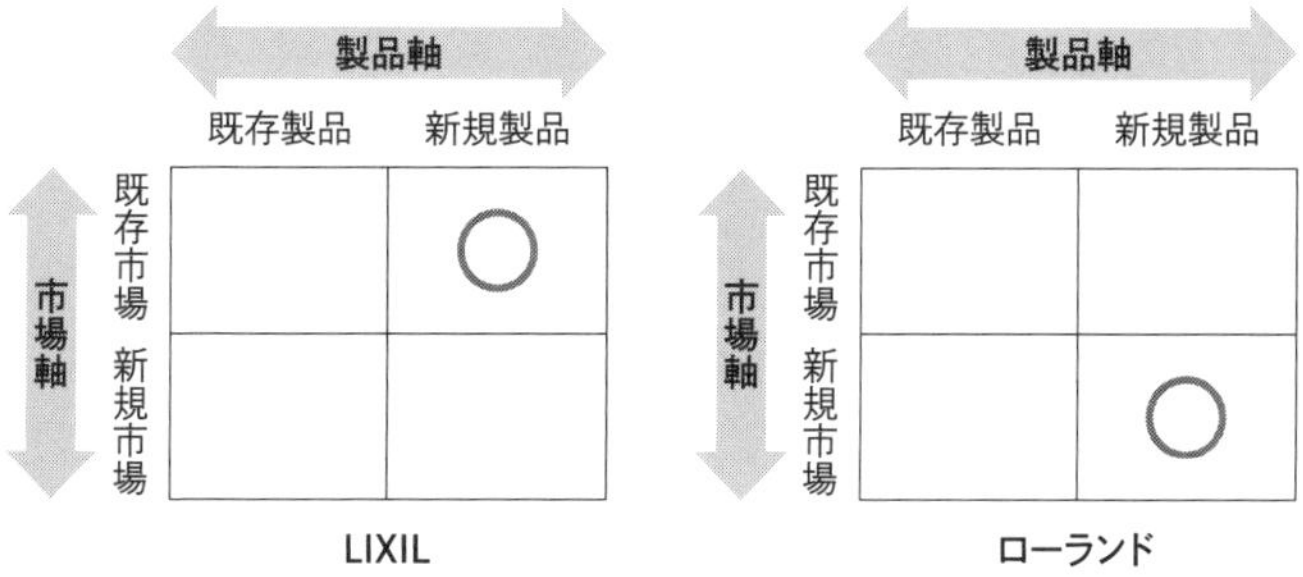

いずれも筆者作成

つ企業を探すケースです。テクノロジーを探すのは当然として、相手が新規市場に進出したいと考えているかどうかが重要となります。ローランドのように、積極的に新規市場への進出を考えている企業なら格好の相手と言えます。しかし、新規市場への進出はリスクが伴うため、躊躇《ちゅうちょ》する企業も意外に多いのです。

筆者の経験から言うと、多くの技術者は自分たちのテクノロジーをどのようなフィールドで活かせるかに興味を持っています。こうした技術者の心をくすぐることで、新規市場に対する抵抗感が下がる可能性はあると思います。新規市場への進出に積極的かどうかは、戦略とともに企業カルチャーも関係してきます。

いずれにしても、相手企業の戦略とカルチャーの把握は重要です。オープンイノベーションとは、テクノロジーの融合と同時に「戦略のすり合わせ」でもあるわけです。

もちろん、複数の企業で一緒に製品を共同開発し、皆で新規市場に挑戦するのが悪いわけではありません。その場合は、その新規市場に関するノウハウを持つプレーヤーを加えるべきです。また、プレーヤーの数が増えると、企業間の調整が難しくなります。3社以上になる場合は「対等な関係」は維持しつつも、どこか1社がイニシアティブを取る必要があるでしょう。

２０１４年2月、ミネベア（現ミネベアミツミ）は屋外照明大手の岩崎電気株式会社および、屋内照明大手のコイズミ照明株式会社と、スマートビルやスマートシティ用の照明設備を開発する合弁会社を設立しました。出資比率はミネベアが51％、岩崎電気とコイズミ照明がそれぞれ24・5％でした。

液晶（ＬＥＤ）バックライトで培った技術を活かし、ミネベアが照明という新規市場に進出しようとしたものです。屋外照明は岩崎電気から、屋内照明はコイズミ照明から技術と知見を得るため、ミネベアがイニシアティブを取って設立したと考えられます。岩崎電気とコイズミ照明は、ミネベアが持つ液晶バックライトの導光板設計製造技術を利用した照明用の光学部品と、パソコンやテレビ向けとして長年蓄積してきた回路設計製造技術を得られるメリットがありました。

このように、3社以上の場合は対等な関係を維持しつつも、イニシアティブを取る企業があった方が良いです。なお、このケースでもミネベアにとっては新規市場への進出であり、他の2社は既存市場での勝負だったため戦略の市場軸は異なっていました。

2-3 Win-Winの関係を構築する知的財産の組み合わせ

テクノロジーを融合する戦略を描き、それを実現できる異なる戦略を有する相手を見つけたら、まず両社の知的財産を組み合わせてオープンイノベーションの可能性を検証する必要があります。ここから具体的な事例で見ていきましょう。

▼技術的強みの組み合わせ

前節で解説した三つのオープンイノベーションの事例では、各社が持つ「技術的強み」である知的財産を組み合わせて開発しています。単に知的財産の組み合わせではなく、「技術的強み」である知的財産の組み合わせだからこそ、お互いに学びあうことができます。

Win-Winの関係を構築するために初めに考えるべきことは、自社が描いた戦略通りに、技術的強みを組み合わせることができるかどうかです。

フィリップスと日清製粉グループ本社のケースでは、フィリップスは既に家庭用製麺機という製品を持っていました。フィリップスの社内では、①日本市場に進出したい、②日本市場に進出するためには「うどん」や「蕎麦」を製麺できる必要がある、③フィリップスには「うどん」や「蕎麦」のノウハウがない、ということで、①戦略、②開発課題、③不足する知的財産が明確になっていました。そこで、②と③を実現できる相手として、日清製粉グループ本社を選んだわけです。

ユニ・チャームとヨネックスのケースでは、ユニ・チャームは長年の経験から「腰回りに装着するノウハウ」を持っていました。高齢者市場で商品ラインナップを強化するために、高齢者の転倒時の骨折防止という課題に取り組みました。その結果、ヨネックスのパワークッション技術にたどり着きました。

ＬＩＸＩＬとローランドのケースでは、ＬＩＸＩＬがトイレ使用時の音を消すノウハウを求めていました。公衆トイレで音を出す技術はありましたが、マスキング効果のような実効力のある音響技術はなかったわけです。

最初にアクションを起こす企業が、「自社の強み」を活かして製品を開発する。その戦略を実行するためには、不足しているものが明確でなければなりません。

実は、これが難しいのです。おそらくＬＩＸＩＬのケースでも、最初から「マスキング効果の技術が不足している」ということではなかったはずです。「音を消す方法がわからない」ということでローランドに相談し、ローランド側からマスキング効果の提案があったのだろうと推測します。

技術的強みを組み合わせる時に大事なことは、相手から学ぶ姿勢です。その姿勢が相手の提案を誘発し、自社だけでは解決できなかった課題に対する解を〝一緒に見つける〟ことになるのです。

▼一緒に解を見つけ出す

知的財産の組み合わせは、まず技術的強みの組み合わせができるかどうかですが、それは自社だけで解決できない課題の解を一緒に探せるかどうかにあります。

ＬＩＸＩＬのケースでは、「トイレ使用時の音を消す」という課題に対し、ローランドが「マスキング効果」を提案しました。しかし、それをトイレ設備用に応用することは、ローランドだけではできません。ＬＩＸＩＬとローランドは協力して一つの解を見つけたのです。

「一緒なら、見つかる答えがある」というフレーズをスローガンにしている会社があります。京都の五条通り沿いに京都リサーチパークという施設があるのですが、そこに本社を置く株式会社ＫＲＩです。ＫＲＩのビジネスモデルは、「研究開発の受託」です。

このＫＲＩと一文字違いの「ＳＲＩ」（当時。現ＳＲＩインターナショナル：Stanford Research Institute International）という研究機関が、米国にあります。スタンフォード大学から生まれたこの組織をモデルに、１９８７年に株式会社関西新技術研究所という社名でＫＲＩは誕生しました。大阪ガス株式会社が１００％出資しています。

当時、多くの企業で中央研究所が衰退しつつありました。そんな時代にあえて最先端の研究に挑戦し、シーズとなる技術をメーカーに提案するビジネスを始めたそうです。その後、モノづくり企業の研究開発が選択と集中にシフトしていく中で、大学や公共研究機関のような最先端の基礎研究ではなく、企業が自社だけでは解決できない課題の解決に貢献する研究開発受託業務へとシフトしていきました。

同社は、機能性材料や電子デバイス、二次電池、燃料電池・水素関連技術、環境・バイオ技術など、多岐にわたる技術の研究開発を受託しています。同時に、分析・計測・解析といった技術支援も行い、モノづくり企業が抱える開発課題を「提案型」で解決するビジネスを進めてきました。多岐にわたる技術領域を組み合わせて、解を導き出す支援のできるところが同社の特長です。

例えば、「光をよく通し、かつ強度の高い材料」のような相反する性能を持つ材料を開発する場合には、複合化や合成といった材料を造形する技術を応用しながら、優れた解析技術で現象を解明していく必要があります。同社は技術に詳しいだけでなく、研究開発のアプローチに関しても膨大なノウハウを持っています。化学と物理の両方に精通し、解析に必要な数学的知見も持つ。まさに理科系のプロフェッショナル集団と言えます。

ＫＲＩのユニークで注目すべきところは、研究開発成果の取り扱いです。最近は大学でも、自ら特許を取得するケースが増えています。研究機関の生命線は知的財産にあると認識し、企業との共同開発でも、その成果として知的財産権を所有しようとする意識が高まっています。

しかしＫＲＩでは、「研究開発の受託で生まれた知的財産権は、顧客企業にすべて帰属させる」というビジネスモデルで長年成果を出してきました。プレーヤーが3社以上になると調整が難しいと先に述べましたが、2社の共同開発で解決できない場合、ＫＲＩのような成果としての知的財産権を主張しない企業があれば企業間の調整は行いやすく、第三のピースとして選択肢に加えることができるでしょう。KRIがなぜ、知的財産権を求めずにビジネスができるかについては後述します。

KRIのもう一つの特長は、受け身ではなく能動的に課題解決に向けた提案をする点です。例えば、2005年に開催された「愛・地球博」では、トヨタ自動車株式会社が「未来パーソナルモビリティ」として「i-unit」という一人乗りEV（電気自動車）を出展しました。このEVは、高速走行時には重心が低い安定した姿勢になり、人と混在して移動する低速走行時には、小スペースで重心の高い姿勢の乗り物に変形します。

博覧会への出展といっても、一台限りのコンセプトカーではありません。博覧会場を60台が走り回る立派な量産型EVであり、その電源としてKRIが開発したリチウムイオン電池が採用されました。限られた環境と台数とはいえ、実験室のレベルではなく、高速走行から低速走行まで多様な使用形態を想定した量産型のEVでした。そこに採用された初めてのリチウムイオン電池をKRIが開発し、トヨタ自動車が採用したわけです（「KRIニュースレター2003」より）。

EVに搭載される電池は、一定の環境下で使用される家庭用のものとは違います。移動しながら変化する環境で実用に耐える高性能なリチウムイオン電池を、ＫＲＩはメーカーに先駆けて開発していたのです。この電池が商品化されることはありませんでしたが、日本の電池産業に貢献したことは間違いないでしょう。

ＫＲＩが心がけていることは、言われたものだけを作るのではなく、相手企業と一緒に解を導き出す姿勢です。課題解決に向けた提案を能動的にするために自前の研究開発も行い、その知的財産権を所有しているそうです。自前で取得した知的財産権は、顧客企業に有償で譲渡するケースもあると言います。

つまり、ＫＲＩは知的財産権でビジネスをしているのではなく、モノづくり企業の課題に対して一緒に解を導き出す提案力でビジネスをしています。他社には真似できない研究開発のノウハウこそが強みとなる知的財産なのです。受け身の姿勢であれば、受託研究開発ビジネスを続けてこられなかったでしょう。

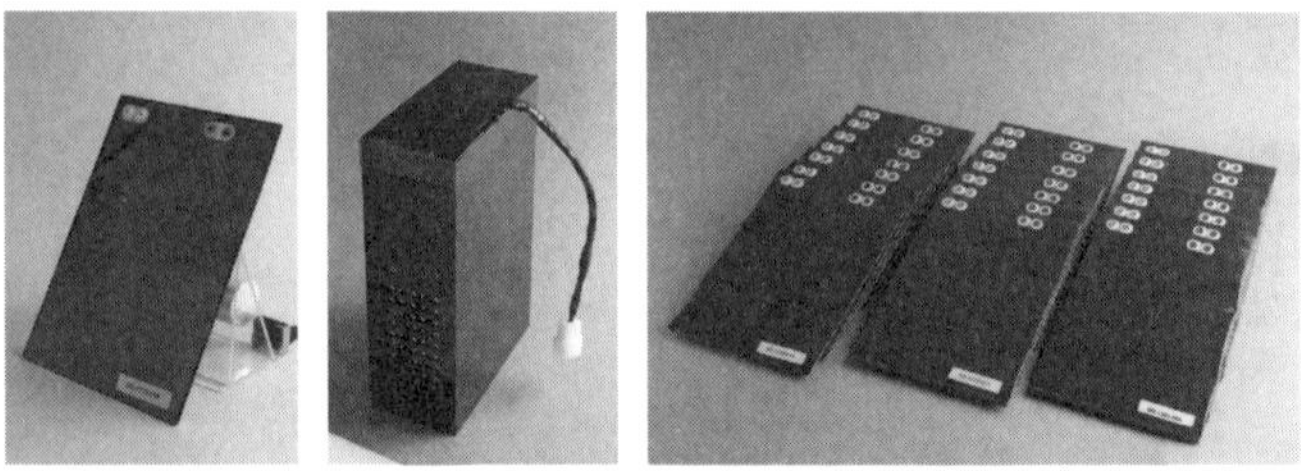

愛・地球博のトヨタ製「未来パーソナルモビリティ“i-unit”」搭載の電池
（株）ＫＲＩ 提供

▼下請け中小企業による、自社ブランド製品開発のオープンイノベーション

オープンイノベーションは、中小企業にとっても重要です。むしろ経営資源の少ない中小企業こそ、オープンイノベーションを活用して進化していくべきでしょう。

自動車産業の城下町である愛知県豊田市に、全く畑違いの新製品開発を成功させた中小企業があります。2022年度の年商が101億円（タイ工場を含む）の横山興業株式会社は、自動車関連の売上が5分の4を占める、従業員数307名（2022年現在、うちタイ109名）の自動車部品メーカーです。

同社は独自の製造技術を駆使して、一流のバーテンダーに高く評価される画期的なカクテルシェーカーを開発しました。自動車部品製造業とは全く異なる「お酒を楽しむダイニング用品」です。同社が実践したのは、下請けビジネスとは異なる自社ブランドの製品開発でした。

2011年、横山興業に現社長の横山栄介氏の弟の哲也氏が入社しました。哲也氏は入

社前、東京でウェブデザイナーをしていました。横山興業がタイに工場を作ることになり、それを手伝うために入社したのです。入社後は国内でモノづくりの基礎を学びながら、タイ工場で生産管理の支援をしました。この時の経験がきっかけで、自社ブランドの製品を企画、開発したいと考えたそうです。

そして完成したのが、お酒が美味しくなるカクテルシェーカーやドリンクタンブラーの「ＢＩＲＤＹ.」ブランドです。

以下の左の写真が同社のカクテルシェーカーです。一見すると、デザインが洗練された普通のカクテルシェーカーに思えます。しかし、右の写真のように内面を横山興業独自の研磨技術で滑らかに磨いたことで、カクテルの味がまろやかになる画期的なシェーカーなのです。

金属の表面は滑らかに見えても、ミクロン単位で見ると

（左）カクテルシェーカー「BIRDY.」、（右）シェーカー内面の研磨工程
横山興業（株）提供

剣山のようなギザギザがあります。哲也氏は、自社が誇る研磨技術でこの凹凸面を0・1ミクロンのレベルで滑らかにすれば、舌触りのまろやかな味にできるのではないかと考えました。

哲也氏はデパートで二つのシェーカーを買って来て、一つの内面を社内の技術者に研磨してもらいました。そして、プロのバーテンダーに二つのシェーカーで「ギムレット」という定番カクテルを作ってもらい比較したのです。その結果、バーテンダーも哲也氏も、言葉を失うほどの違いが表れました。

それまで自動車部品の下請けをしていた横山興業では、作った製品に自社の名前を記す機会はほとんどありませんでしたが、新たにプロのバーテンダー向けの製品化を目指し、「BIRDY.」という自社ブランドを立ち上げました。ゴルフの「バーディ」にかけたもので、水準を意味する「パー」よりもワンランク上を目指す、という思いがこめられています。まさに自社ブランドを意識したことのなかった下請けメーカーが、自らのブランドを立ち上げた瞬間でした。哲也氏の「消費者に自社製品を直接届けたい」という思いから生まれた新規事業です。

2023年、「BIRDY.」は年間売上高1・8億円（直近）の事業に成長しました。他のカクテル製品の数倍という高値にもかかわらず、バーテンダー向けのＥＣサイトで1位、2位にランクされる売れ筋商品です。デキャンタやタンブラー、バースプーン、ストレーナー、キッチンタオルなどにラインナップも拡充しています。

「ＢＩＲＤＹ.」の開発には、二つのオープンイノベーションが実施されました。一つはＭ＆Ａに近い外部技術を完全に社内に取り込んだケースで、もう一つは外部企業との連携・協業です。

一つ目のオープンイノベーションにより、横山興業の技術的な強みである独自の研磨技術を確立しました。横山興業はタイ工場を新設した際、横山興業、ひいては日本のモノづくり全般が抱える本質的な危機に気付いたそうです。

当時専務だった現社長の横山栄介氏は、タイ工場で現地の従業員を指導しました。この時、時間をかけて丁寧に指導すれば、現地の人でも十分に自動車部品を製造できることに気付きました。栄介氏は「日本企業が外国より技術力で優れているとは限らない」「優れた技術力などごく一部であり、多くの企業に技術的な強みなどない」「技術的な強みがないから、人件費の安い場所へ製造現場を移せるのだ」と考え、横山興業にしかできない、付加価値の高い技術が必要だという危機感を抱いたのです。

そこで2012年4月、横山興業は金型メーカーから新しい技術を導入しました。それが「SFP（Smart Forge Press）工法」です。この工法を選んだ理由は二つあります。一つは、金型製作の段階で職人の手作業が必要になり、大企業や海外メーカーに真似されにくいこと。もう一つは、工法はほぼ確立していましたが、それを量産化する技術がまだ確立されていなかったことです。横山興業が量産向けの成型加工技術として日本初の実績を作れば、プレス業界への大きなインパクトになります。

SFP工法とは、加工断面を滑らかな平面に仕上げながら厚板を打ち抜く技術です。一般的なプレス機械でも高精度な加工を可能にするもので、「特殊な金型構造」「材料流動を可能にするLAP研磨技術」「高精度な金型部品」の三要素から成り立っています。

この金型技術は、①切削《せっさく》と同レベルの加工断面で滑らかさを実現、②最大12ミリの厚板やハイテン100のような高張力鋼板（一般の鋼材より引張強度が高く、薄型化できるなどの特長を持つ高強度鋼材）の打ち抜き、③「プレスダレ」の最小化などを実現しました。プレスダレとは、プレス加工後に材料の表面とせん断面の角度が直角にならない不具合のことです。

これら①②③を実現する技術と、横山興業が培ってきたプレス工法を組み合わせることで新たな量産技術を確立したのです。ＳＦＰ工法における「ＬＡＰ研磨技術」というニッチトップな武器が、後に画期的なカクテルシェーカーの実現につながりました。

「ＢＩＲＤＹ.」を生み出したオープンイノベーションの二つ目は、量産化に向けた外部企業との連携です。カクテルシェーカーを作るには、錆《さび》に強いステンレス材の成型が必要です。愛知県豊田市は自動車産業の街ですから自動車を作るスチール材には強いですが、食器などに使われるステンレス材には馴染みがありませんでした。

ステンレスといえば、新潟県燕市です。燕市は金属製の洋食器製造で有名な街で、ステンレス材の加工業者が多く、プレス金型のメーカーもたくさんあります。

しかし、横山興業には燕市の企業とのつながりはありませんでした。そこで哲也氏は、燕市にあるステンレス加工会社に直接電話したそうです。いわゆる「飛び込み提案」です。そして現地に行き、複数の企業と面談し、カクテルシェーカーのプレス加工を委託する先を探し出しました。

また、カクテルシェーカーの外側の研磨と脱脂、洗浄は地元企業に頼むことにしました。こうしてオリジナルのカクテルシェーカーを量産できる協力体制が整ったのです。

何もかも自前でやるのではなく、横山興業は自社の強みである内面の研磨に特化し、それ以外は外部の助けを借りました。その中で、横山興業は製品コンセプトを考え、全体のイニシアティブを取ったのです。画期的なカクテルシェーカーは、4社の技術の融合によって誕生しました。

2013年1月に開発を始めたカクテルシェーカー「BIRDY.」は、同年11月に発売されています。もし、横山興業が自前での開発に固執していたら、わずか11カ月で発売することはできなかったでしょう。このスピード感こそオープンイノベーションの力であり、Win-Winの関係を実現したのは、ひとえに哲也氏の情熱です。

筆者は、社長の栄介氏に「新たな事業に挑戦する際、撤退基準をどのように設定されましたか?」と質問したことがあります。栄介氏は、「撤退基準を明確にしていたら、『撤退する』という結末にしかならなかったでしょう」と答えました。栄介氏の頭の中には、当然、撤退基準はあったはずです。しかし、それを奔走する哲也氏には示していなかったのでしょう。

新しいビジネスを生み出すために異なる企業の技術と技術をつなぎあわせるのは、夢を実現しようとする技術者の「情熱」と、その行動を見守り支える経営者の「心」だと言えるのではないでしょうか。

2-4 戦略的な成果の配分設計

▼両社が勝者になる事業の棲み分け

技術的な強みと言える知的財産を組み合わせる準備が整ったら、いよいよ成果の配分方法の検討です。

一方的に外部から技術を導入するのみの場合は、相手に対して特許ライセンス料を支払うことでWin-Winの関係が成立するでしょう。一方で、両社が技術と知的財産を持ち寄るアウトサイドインとインサイドアウトを同時に実施するケースでは、両社がともに勝者になれるように成果を最適配分する必要があります。これが難しいところです。一方の企業だけが儲かるビジネスモデルになると、相手は必ず不満を抱きます。

先に述べた「異なる戦略のすり合わせ」ができれば、メーカー同士の提携であっても成果の配分が設計しやすくなります。事業の棲み分けが比較的容易だからです。

フィリップスは、家庭用製麺機で日本市場に進出でき、そこにレシピが掲載されることで、日清製粉グループ本社はより多くの小麦粉を売ることができます。ユニ・チャームは高齢者向けの製品ラインナップを強化でき、ヨネックスは自社のパワークッションをシューズ以外の新たな市場で活用できました。LIXILは公衆トイレ設備の市場を強化し、ローランドは「音」で新市場を開拓しました。このように、一方は新市場に進出でき、もう一方は既存事業が潤うわけですから、成果の最適配分がしやすいです。

異なる戦略のすり合わせであれば、それぞれのビジネスで収益を得るモデルを構築しやすくなります。ただし問題は、知的財産権（共同開発契約を締結する時点では「知的財産権を受ける権利」となります）の帰属によって、相手のビジネスに制約をかけてしまう懸念がある場合です。

▼知的財産権は共同所有か、単独所有か

特許権は、単独で所有する場合と複数企業で共有する場合で、権利の性質が変わります。

学びあった成果としてすべての特許を共有する方法もありますが、第三者にライセンスしたり譲渡したりする際に、共有者の同意が必要になります。そうした制約があるため、安易に特許を共有すると、後に禍根《かこん》を残すことがあります。

ユニ・チャームの高齢者向けガードル用パワークッション技術は、ユニ・チャームとヨネックスの共有特許でした。ユニ・チャームから見れば、他に類を見ないヨネックスのパワークッションですから、不満はないかもしれません。また、ヨネックスから見れば、あくまでも高齢者のガードル用に限定したパワークッション技術の特許化なので、ユニ・チャームにのみ販売するという制約があっても構わないでしょう。他に販売する可能性がほぼないのであれば、問題ないと考えます。

完成品メーカーであるA社と、材料メーカーのB社が共同で新材料を開発したとします。その特許を両社で共有した場合、完成品メーカーのA社は、仮にB社のライバルであるC社に新材料を製造させたい場合にも、B社の同意が必要になります。B社は利益が減るのですから簡単には同意しないでしょう。一方で、材料メーカーのB社としては、せっかく開発した新材料なのでA社以外の（A社にとってライバルの）企業にも売りたいはずです。しかし、A社はせっかくの差別化要素である新材料をライバルに使わせることを容易には認めないでしょう。

では単独所有とすれば、どうでしょうか。完成品メーカーのA社と材料メーカーのB社が共同で新材料を開発した場合でも、材料特許は材料メーカーのB社が単独で所有し、その材料を活用する用途特許（完成品に活用する技術の特許）は完成品メーカーのA社が単独で所有します。この場合、それぞれの特許に対する制約はなくなりますが、単独所有された特許を第三者に売却されるリスクがあります。

このように、どちらが良いかはケース・バイ・ケースです。もし、共有特許の新材料を材料メーカーのB社が独占的に製造したい場合、完成品メーカーのA社としては、例えば一定の品質・価格・納期を守ることを条件にそれを認め、条件が守られなかった場合は第三者にも製造を依頼できるという形で契約に盛り込むことも可能です。

▼研究受託成果（知的財産権）を顧客企業に帰属させるKRI

企業が、公的な研究機関と新技術を共同で開発するケースはよくあります。研究機関や大学などは自ら製品の製造を行わないので、ビジネス面での調整が少ないと考えられます。

オープンイノベーションを行うには「やりやすい相手」と言えるでしょう。

しかし、研究開発を本業とする組織は、知的財産権を生命線と考えるのが一般的です。研究開発の成果である知的財産権の取り扱いについては、モノづくり企業以上に強い意識で帰属を主張されます。

ある企業が、研究機関と共同で研究開発を行う契約を締結しました。その契約には、「研究開発成果である知的財産権（知的財産権を受ける権利）は、発明者が所属する組織に帰属する」とあり、共同研究開発の役割分担は「開発を研究機関が行い、評価を当該企業が行う」となっていました。評価の過程で発明が生じるケースもありますが、普通に考えれば、研究機関側が知的財産権を単独で所有すると解釈できるでしょう。研究機関はそれほどまでに、知的財産権にこだわります。

これに対し、原則としてすべての知的財産権を顧客企業に帰属させる研究機関が、先に述べたＫＲＩです。

研究開発成果の扱いで交渉が不要になるため、委託元企業から見ればこれほど楽なことはありません。しかし、ＫＲＩはなぜこのようなことが可能なのでしょうか。

ＫＲＩは、核心部分は自社で研究し、その知的財産権を押さえています。これは知的財産権をビジネスにするためではなく、研究開発を受託するためです。研究開発を受託したら、成果に関する知的財産権だけでなく、必要に応じてKRIが自前で取得した知的財産権も有償で譲渡するケースがあるそうです。KRIの知的財産権が顧客企業のビジネスの障害にならないようにするためだそうです。このように知的財産権を譲渡するからこそ、企業から見れば共同開発のハードルが下がり、委託しやすくなります。

KRIを研究開発の外注（アウトソーシング）先と考えることもできますが、顧客企業から見れば、研究開発を外に出して、成果を内部に取り込むアウトサイドインのオープンイノベーションと言うこともできるでしょう。

KRIには二つの武器があるそうです。一つは時代の先を見据えた課題を捉える力であり、もう一つは研究開発のノウハウだと言います。

同社で二次電池を担当する常務執行役員の木下肇氏は、「KRIは課題の宝庫です。多くの企業から様々な課題が寄せられ、世の中の技術トレンドがわかります」と述べました。木下氏が担当するリチウムイオン電池やキャパシタ技術の領域では、図2-11に示すように、正極材料、負極材料、セパレータなど、電池に関わるあらゆる技術領域から課題が寄せられ、研究を受託しています。EV用のリチウムイオン電池を開発した事例もそうですが、こうした技術トレンドを把握しているからこそ、時代の一歩先を見据えた自前の研究を進め、それが研究開発の受託につながっているわけです。

時代の一歩先を見据える目的は、一企業だけでは開発できない技術課題の先取りにあります。そのため、ＫＲＩが自前で研究しているのは最先端の技術ではありません。企業が最先端と考えている技術水準とのギャップを埋める技術なのです。

二つ目の研究開発ノウハウについて、木下氏は「ＫＲＩには教科書に書かれていない研究開発のノウハウがあります」と言います。このノウハウは主に二つあるそうです。

一つは、研究開発を実行するための技術的知見としてのノウハウです。例えば電池でいえば、「混ぜ方」「塗り方」「乾かし方」です。ケース・バイ・ケースで「良い分散」というものがあるそうで、この「分散」とは教科書的に言うと、溶けない物質を微粒子にして、別の物質の中に均一に散らばせる化学技術です。ところが木下氏によれば、均一に分散することが必ずしも良いとは限らないそうです。教科書には「均一に散らばせる」とだけ書いてあり、その事実には一切触れていません。

もう一つのノウハウは、研究開発プロセスに関するものです。研究開発の過程で課題に直面した時、解にたどり着ける進むべき道を選択するノウハウだということです。これも教科書にはない知見です。

ＫＲＩの技術者は、自分たちのことをヒマラヤ登山をガイドする「シェルパ」に例えています。難解な山（課題）を一緒に登る道先案内人だと考えているのです。

ところで、木下氏が言う「教科書に書かれていないもの」の正体とは、何でしょうか。ＫＲＩは理科系のプロフェッショナル集団ですが、理科の「理」とは「物事の筋目を立てること」を意味します。この「理」が「教科書に書かれているもの」です。そこに道先案内人が示す「道」を加えると「道理」となります。

かつて、終戦の詔書《しょうしょ》に筆を入れた人物であり、戦後歴代総理大臣の指南役と言われ、財界人にも大きな影響を与えた安岡正篤が「道理」につ

図2-11：ＫＲＩのリチウムイオン電池・キャパシタ技術をベースとした受託研究実績（2023年現在）

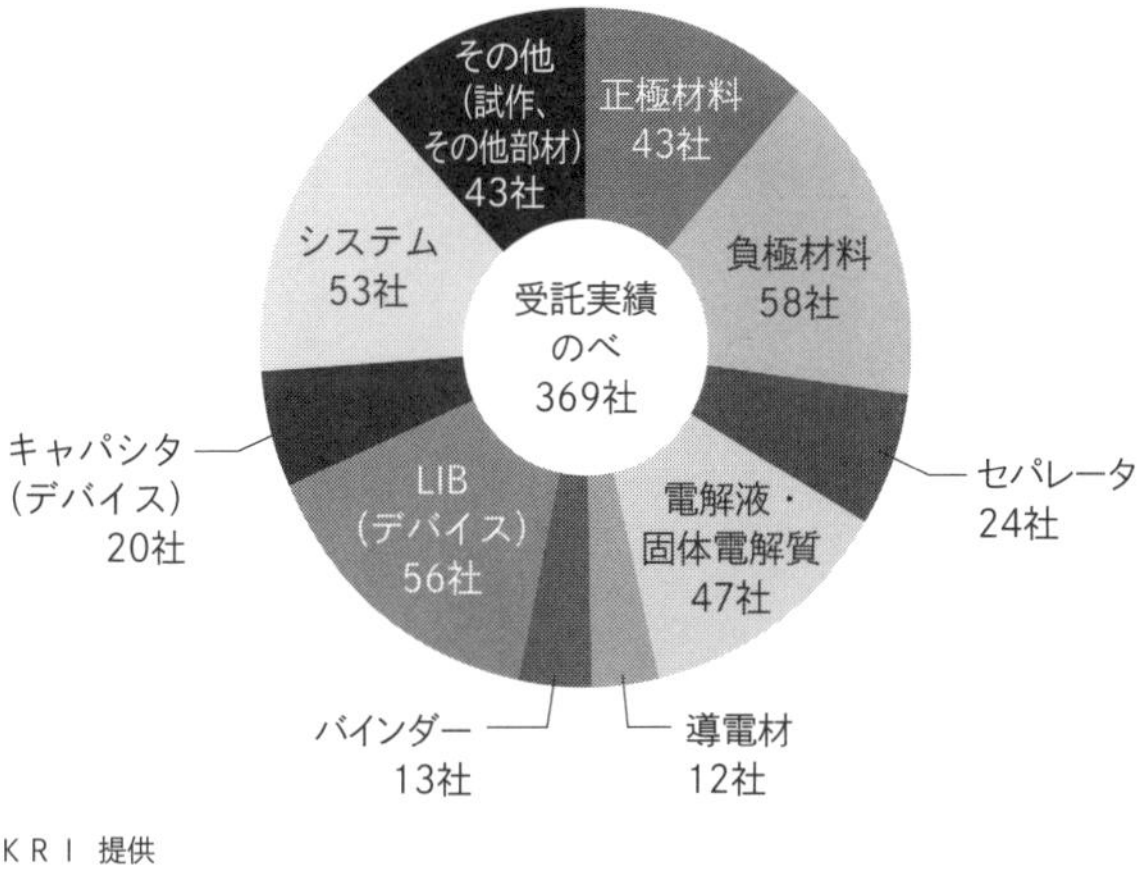

（株）ＫＲＩ 提供

いて次のように説いています。

「この理に対して、道という場合にはどう違うかと言うと、道は文字通り人間が歩いて行くものであり、歩いて行くのに必要な筋道である。どこへ行くのにも、道に依らなければ、道を歩かなければ、行くことができない。つまり道は実践というものと離れない。理は人間がその知性・知能で解する、理解するものであるが、それを実践するものは道であります。言い換えれば、知性・知能によって知るものが理であり、実践によって把握するものが道である。同じものであるが、知性の対象になる時は理になり、実践によって条件づけられると道になる。そこでこれを結んで道理と言うのであります。理は理であるが、人間が実践できるもの、実践と一つになっておるものが道理である」

（安岡正篤著『活学講座』2011年／致知出版社）

この考え方が、まさにKRIの武器を解明してくれています。教科書に書かれているものが「理」であり、人間が実践できるものと一体化したものが「道理」です。KRIが持つ武器とは「教科書に書かれていないもの」ではなく、「教科書に書かれているもの」と、実践に裏付けられた「教科書に書かれていないもの」を融合させた「道理」なのでしょう。「道理」がしっかりしているからこそ、誰も登ったことのない山を登る道先案内ができるのです。

「道理」がしっかりしていて、時代の趨勢と技術課題トレンドを把握していれば、知的財産権を顧客企業に譲り渡しても、同社のビジネスには支障がありません。むしろその方が、ビジネスを円滑に進められるということなのでしょう。

▼「hitoe®」において、NTTと東レはいかに成果を配分したか

成果を最適に配分するには、事業を棲み分け、両社が納得できる知的財産権の帰属と実施権の確保を行う必要があります。NTTと東レが共同開発した「hitoe®」のケースはどうだったのでしょうか。

図2-12に示す通り、ビジネスとしてはNTTグループの会社であるNTTコミュニケーションズ株式会社が『みえるリハビリ』という心疾患患者の運動習慣獲得支援サービスを行っています。

図2-12：心疾患患者の運動習慣獲得支援サービス『みえるリハビリ』
（上：イメージ、下：アプリ画面）

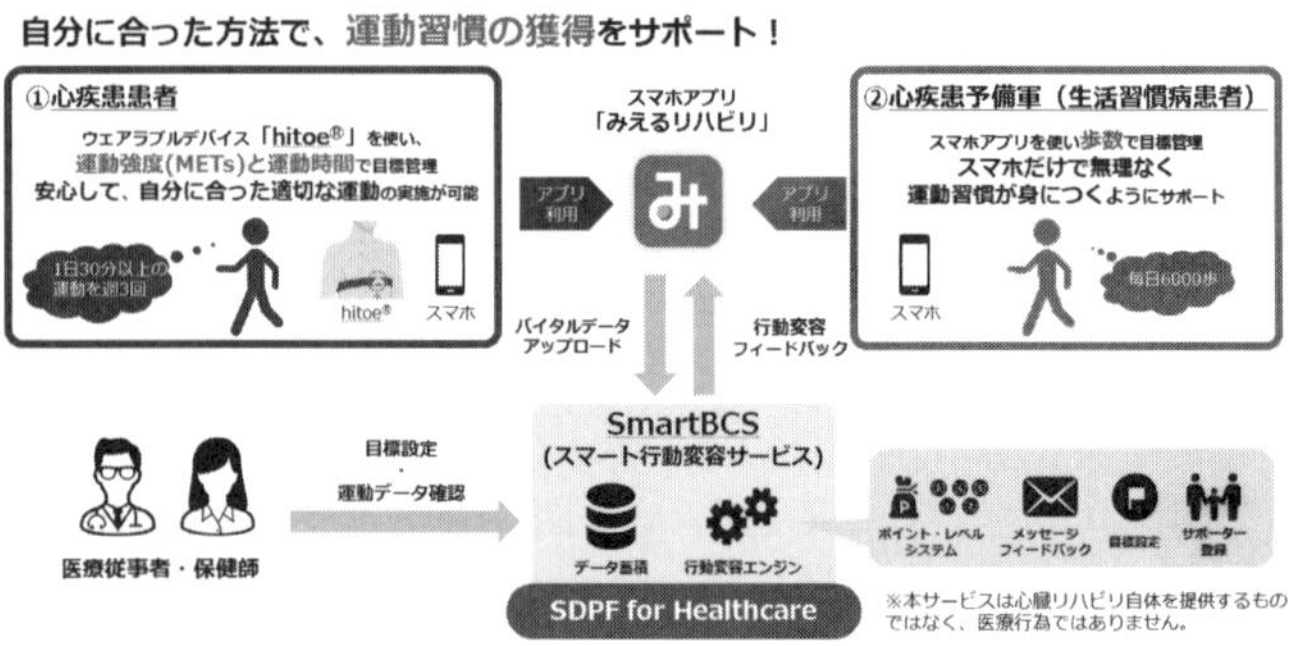

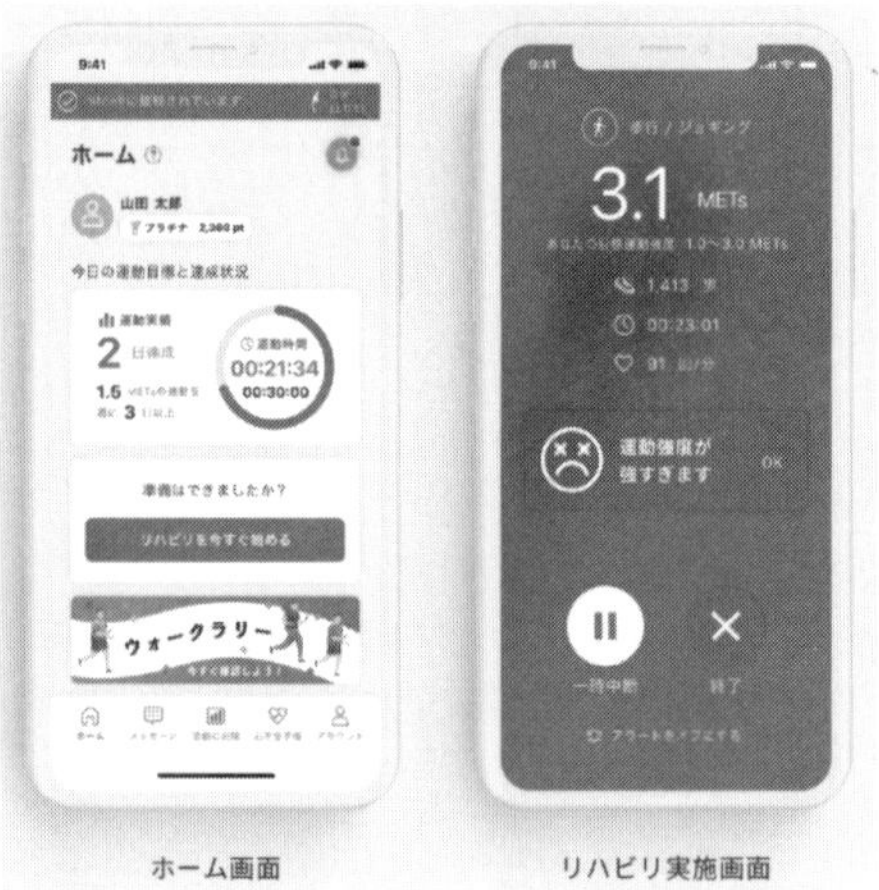

NTT コミュニケーションズ（株）提供

まず、ユーザーが医療従事者から案内された自身の運動強度をモバイルアプリに登録します。次に、運動の際に着用した「hitoe®」が取得する心拍数や加速度をもとに、NTT独自の運動強度推定技術で運動強度を計算し、リアルタイムに可視化します。運動中に運動強度が強すぎたり弱すぎたりすると、アラートが出ます。NTTがサービスを展開する一方、「hitoe®」を活用したウェアは東レが製造、販売しています。

知的財産権については、ウェアへの電極配置など、両社で議論した部分はすべて特許を共有したそうです。共同開発の期間中に開発した技術でも、トランスミッタ（hitoe®で計測したデータをBluetooth®経由でスマートフォン等の表示デバイスに転送するための装置）はNTTの技術なので、NTTが単独で所有し、生体信号計測縫製技術は東レが単独で所有しました。縫製技術はもともと東レが保有していた技術がベースにあるからだそうです。

知的財産権の配分について、NTTと東レの間では全く揉めなかったと言います。それは初めからお互いに相手の強みをよく理解していたからです。それがなければ、「hitoe®」の製造に必要な縫製技術もNTTが共有を主張していたかもしれません。一方、トランスミッタがなければ生体信号を計測できませんから、東レはトランスミッタも共有を主張していたかもしれません。

お互いに相手の強みを理解し、相手に敬意を持ち、学びあう体制になっていたからこそ、円滑なスキームを設計できたのでしょう。このお互いに相手の強みを理解していることが、成果の最適配分設計を行ううえで重要なことなのです。加えて、お互いの業種がかけ離れていることから、事業の棲み分けも容易だったと考えます。

ＮＴＴと東レは、最初に両社の職場である研究所や工場を見学しあったそうです。これは、相手の凄さを実感し、敬意を持てる絶好の機会となります。工場見学などを通じて、相手が話す言葉の意味もイメージできたそうです。研究所や工場の見学はすべてをオープンにしたわけではなく、クローズにしているところもあるはずですが、徹底した秘密主義ではお互いに敬意を持てるこのような機会を作れないでしょう。

▼最も重要なのは、オープンイノベーションの先にあるもの

結局のところ、成果（知的財産権：知的財産権を受ける権利）の最適配分設計とは、ケース・バイ・ケースです。答えになっていないと言われるかもしれませんが、ケース・バイ・ケースとしか言いようがありません。

一つ言えることは、重要なのはオープンイノベーションの先にあるものを明確にすることです。先に述べてきたように、オープンイノベーションとは手段であり目的ではありません。オープンイノベーションの目的は、「進化戦略の実践」です。進化戦略を実行に移すには、外部からの学びが必要です。

フィリップスの事例でも、家庭用製麺機を日本市場に販売することがゴールではないはずです。世界で最も日本との交流が長い欧州諸国の一つ〝オランダ〟の企業が、世界有数の食文化を持つ日本の家庭用食市場に新たな市場を創出し、貢献することがゴールであり、その一つの手段が家庭用製麺機でした。

実際、フィリップスは家庭用製麺機以外にも「ノンフライヤー」という、油を使わずに揚げ物ができる家電調理機を２０１３年に発売しています。油を使わないので、脂肪分を最大80％抑制できます。最高２００度の熱風を吹き付け、素材表面の水分を蒸発させて油で揚げるのと同じ効果を出すそうで、独自の高速空気循環技術を活かして日本に新たな市場を創出しました。

フィリップスの家庭用製麺機は、日清製粉グループ本社の小麦粉を「指定小麦粉」としました（２０１４年発売当時）。同社の小麦粉でなければ製麺できないわけではありませんが、含水率などを加味してこの小麦粉に最適なレシピを掲載していたので、小麦粉を指定していたのです。

うどんや蕎麦を踏まえて開発された金型から、麺を押し出すための機構に関する技術の特許はフィリップスが単独で所有しました。日清製粉グループ本社とは一切の特許を共有していません（筆者調べ）。日清製粉グループ本社のゴールは、日本の小麦粉市場を活性化させ、自社の小麦粉の販売を拡大させることであり、家庭用製麺機の特許を取得することではなかったのだと考えます。

オープンイノベーションにおいてWin-Winの関係を構築するには、進化戦略のすり合わせが必要です。お互いのゴールを理解し、共有できれば、必要以上の成果を相手に要求しない限り、適切な成果配分の設計が可能となるでしょう。

最も重要なのは、オープンイノベーションの先にある進化戦略の実現です。このゴールに到達できるかどうかで成果配分が適切かどうかを判断すべきであり、知的財産権を奪いあうことがゴールではないはずです。

2-5 提携先との信頼関係構築とリスクマネジメントの両立

成果の配分設計ができたとしても、まだ残る課題があります。弱肉強食のビジネスの世界では、油断していたら成果を根こそぎ持って行かれる可能性があります。また、現代はハイリスクな時代です。世界同時不況や感染症の流行、国際紛争など様々なリスクによってビジネスが突然、破綻する可能性もあります。リスクマネジメントは、オープンイノベーションの重要な課題です。

▼自社のメリットを失ってはいないか

オープンイノベーションでは、相手企業のメリットを考える必要があると先に述べました。一方で、相手のメリットばかり考え、自社のメリットが失われてもいけません。

「成功に秘訣というものがあるとすれば、それは、他人の立場を理解し、自分の立場と同時に、他人の立場からも物事を見ることのできる能力である」

（D・カーネギー著・山口博訳『人を動かす』2016年／創元社）

これは米国の自動車王と称えられたヘンリー・フォードの言葉です。この言葉を実践する能力を養っていくしかありません。相手企業と自社の立場を交互に考え、全体最適を設計していく必要があります。

▼信頼関係の構築とリスクマネジメントを両立させる方法

提携先との関係が破綻した場合に備え、リスクマネジメントは重要な課題になります。一方で、オープンイノベーションには相手先との信頼関係の構築が不可欠です。つまり、ある意味で「相手を疑ってかかる」リスクマネジメントを実行しつつ、相手との信頼関係を構築するという、矛盾する行動を両立させなければなりません。

これは筆者の経験であり、「教科書には書かれていないもの」ではありますが、信頼関係の構築とリスクマネジメントを両立させる秘訣は、相手の立場で考えて行動することです。とても面倒なことかもしれませんが、これをあえてする人の心の中に生まれる「誠意」がカギになっていくと考えます。

ＮＴＴ研究所の高河原和彦氏が、東レの人たちを混乱させないため、資料の言葉使いについて毎回上司にチェックを仰いでいたのも「誠意」の一つでしょう。

ＫＲＩは、研究開発で発生する知的財産権を顧客企業に譲っていますが、前出の木下氏は「お金をいただいて研究するのだから、特許はお客様（委託元企業）に譲るのが当然です。入社した時からそのように教わってきましたし、それが正しい姿だと信じています」と言います。

研究技術開発を行う者として、その成果である特許が手元に残らないことに空虚感を覚えるかもしれませんが、木下氏は「昔のＫＲＩには尖った発想をする人もいましたが、今は顧客企業に寄り添うことにやりがいを感じる人が多いです」と述べます。「誠意」が組織的に組み込まれたビジネスモデルと言えるかもしれません。

こうした相手の「誠意」を感じた時、相手にこちらの「誠意」が伝わった時、初めて心の扉が開き、信頼関係が醸成され、お互いのゴールに向けて一緒に解を導き出すための

「学びあい」が可能になると考えます。こうした信頼関係があれば、不測の事態に備えたリスクマネジメントを両社合意のもとで契約に盛り込むこともできるでしょう。

「相手に問題があると考えるのではなく、まずは自分たちに問題がないかを検証すべきだ」とも述べてきました。『論語』に「自反」という言葉がありますが、これは自らの言動を省みて反省することだそうです。具体的には、指を相手に向けるのではなく自分に向け、いったんすべてを自分の責任として捉えて全力を尽くすことだと言います。

容易なことではないですが、そうした心構えで歩み寄ることでオープンイノベーションは成功に向けて動き出し、一人の人間としても磨かれ、進化していくのだと思います。

第3章

オープンイノベーションを推進するための土台づくり

ここまで、日本ではなぜオープンイノベーションがうまくいかないのかを振り返り、新しい事業を生み出すための「テクノロジー・コラボ術」について述べてきました。そのテクノロジー・コラボ術を実施するためには、企業の土台がしっかりしていなければなりません。土台があってこそオープンイノベーションを推進し、新しいビジネスを生み出し、企業として進化していけるのです。本章では、この土台づくりについて述べていきます。

3-1 対等な関係を築くうえで必要なもの

▼強みのない企業は相手にされない

オープンイノベーションの基本要素の一つである「対等な関係」を築き、学びあうためには、相手が学べる「強み」が自社になければなりません。

長い間、事業を営んできた企業には何かしらの強みがあるはずです。問題の本質は、強みがないのではなく、強みを把握していないことです。強みを把握したうえで、それをオープンにすることが必要です。相手に自社の強みが伝わってこそ相手は自社に敬意を抱き、対等な関係の話し合いが始まります。

しかし、先のドラッカーの言葉にあるように、多くの企業では自社の強みを把握できていない場合が多いです。中小企業の中には、「自社には強みはない」と〝自信を持って〟言い切るところもあるほどです。「強みがなければ、外から買ってくればいい」という単純な話ではありません。

ミネベアミツミは、ベアリングで培った精密加工技術を基盤としてM&Aで得られたエレクトロニクスの技術を融合し、液晶バックライトを開発しました。横山興業も、自社が持っていたプレス加工技術を土台としてSPF工法を学び、同社独自のプレス加工技術へと昇華させました。だからこそ、そこに含まれるLAP研磨技術が画期的なカクテルシェーカーの開発につながったのです。

企業の土台づくりは、この「強みの把握」がスタートラインになります。

▼自社のゴールを明確にする

本書ではオープンイノベーションの実施を「新しいビジネスを生み出すため」としていますが、新しいビジネスを生み出すことも、ゴールではなく手段です。大事なのは、自社はどこに向かうのか、そのゴールを示す「進化戦略」にあります。ゴールを明確にしてこそ、実施すべき新しい事業が明らかになり、そのための手段としてのオープンイノベーションが可能になります。

第2章でも述べましたが、適切な提携相手を見出すためには「戦略のすり合わせ」が必要です。戦略が明確でなければ、すり合わせはできません。オープンイノベーションがうまくいかない要因として、一般的には「ゴールを共有化できなかった」とよく言われますが、ゴールを共有できない理由に、「そもそもゴールが明確になっていなかった」ということはないでしょうか。

ゴール設定は企業ごとにケース・バイ・ケースです。ただ、方向性としては言えることがあります。それは「強みを伸ばす」のか、それとも「弱みを克服する」のかということです。

前者は、自社の持つ強みを伸ばして新たな収益の柱を創るということです。後者は、将来を踏まえると自社には弱みが顕在化する要素があるため、新事業の開発によってその弱みを克服するということです。強みを伸ばすことで弱みを克服する、という方向性もあるでしょう。どちらも、いかにハイリスクなビジネス環境下でも、経営を安定させることを目指す試みであろうと考えます。

▼受け身体質の組織にオープンイノベーションはない

何度も述べてきたように、受け身体質の組織にはオープンイノベーションの機会はないと言ってよいでしょう。受け身の企業に対して対等に接するような企業はありません。実際には学べる要素があるとしても、受け身の企業から学べる強みを感じることができないためです。

オープンイノベーションを行うためには、自社にどれだけ受け身の体質が根付いているかを把握しておく必要があります。オープンイノベーションを目指す前に、受け身体質の脱却を図ることから始めるべきです。顧客からの受動的な営業になっていないか、過去からの延長上で、惰性で研究開発を続けていないか、多くの人が言っている情報を鵜呑《うの》みにしていないかなど、受け身体質を蔓延させる原因は数多くあります。

▼中小企業から大企業にライセンスアウトした「おじいちゃんのノート」

中小企業が大企業と対等な関係になるのは不可能、と考えている人も多いかもしれませんが、大企業が中小企業の技術を導入したケースは実際にあります。

2016年1月1日、たった一つのツイートが、大ヒット商品を生み出しました。

「【拡散希望】うちのおじいちゃんノートの特許とってた…宣伝費用ないから宣伝できないみたい。Twitterの力を借りる!

どのページ開いても見開き1ページになる方眼ノートです。欲しい方あげるので言ってください!」

（アカウント@measannより引用）

このツイートは、あっという間に3万リツイートとなりました。

東京都北区で印刷業を営む有限会社中村印刷所（現在は株式会社に改組）は廃業寸前でした。その原因は、独自の発想で技術開発を実施した「水平開きノート（後の「おじいちゃんのノート」）」にありました。

通常のノートは、開いた際に中心部分が膨らんでしまい、手で押さえないと書きにくいという問題点がありました。これを解決したのが「水平開きノート」です。ノートを開いた際、中心部分が膨らむことなく、きれいに真っ平らに開くことができます。これを実現するために独自の接着剤技術を開発し、その接着剤を使用した製本方法の特許を押さえました。

ところが、このノートは全く売れませんでした。社長の中村輝雄氏は、「絶対に売れる」と自信を持って開発費用を投じたのですが、卸からは相手にされず、数千冊の在庫が残ってしまいました。

それを見た孫娘さんが、「おじいちゃんがあまりにも可哀そう」と思い、ツイッター（現：X）でツイートしたのです。それが瞬く間に拡散され、「どこで買えるのか」「こういうのが欲しかった」という声が殺到します。メディアでも取り上げられたことで話題となり、中村印刷所ではとても対応できないほどの需要になりました。

そんな時、「ジャポニカ学習帳」で知られるショウワノート株式会社が中村印刷所に提携を申し入れました。ショウワノートは中村印刷所から特許ライセンスを受ける形で、2016年6月30日、小学生向けの水平開きノートを製造・販売する契約を結びました。

契約締結にあたり、中村氏は「このノートの技術を受け継ぐ会社が現れ、一人でも多くの人にノートが使われることを願っています」と語ったそうです。


これは孫娘さんのスーパーファインプレーによって、廃業寸前から大逆転した〝奇跡のケース〟ですが、大企業が中小企業の技術を導入したオープンイノベーションと言えるでしょう。

中村印刷所の特許技術だけに価値があったのではなく、中村氏のモノづくりに対する情熱と、その情熱が何とか報われるようにしたいと動いた孫娘さんの行動力にも、ショウワノートは価値を見出したのだと思います。同時に中村印刷所も、ショウワノートの自社への評価から学びを得たはずです。

自社の強みをよくわかっているのは、実は他社です。他社が自社をどのように評価しているか、その評価が自社の強みになるのです。

インターネットの普及により、凄まじいスピードで世界中に情報が駆け巡る時代です。中小企業でもできることはあり、こうした大企業が注目する〝価値〟を生み出す可能性を持った時代でもあります。「対等な関係」で実施するオープンイノベーションに、企業規模は関係ないと言えるでしょう。

3-2 自社の強みを再定義する

自社の強みを把握していなければ、オープンイノベーションは難しいと言えます。モノづくり企業であれば、まずは技術的な強みの把握が必要でしょう。そのための技術の棚卸しを実施している企業は多いと考えられます。しかし、技術の棚卸しを単なる技術の整理と捉え、それだけで終えてはいないでしょうか。

そもそも「技術的強み」の定義を認識されているかどうかが重要です。

▼技術の価値は効能にあり

ユーザーがメリットを感じるもの、本書ではこれを「効能」と呼びます。「効能」と聞くと薬のようなイメージを抱くかもしれませんが、正確には「他に働きかけ、作用することによって起こる、好ましい結果」という意味です。

技術の価値は、この効能によって定まります。効能は、ユーザーがメリットを感じるものであり、例えば高強度、高輝度、意匠性が高いといった性能や特性を意味するとご理解ください。その性能や特性にユーザーがメリットを感じなければ、それは効能とは言えません。

そして、その技術がもたらす効能が他の競合する技術よりも優れているものが「強み」となります。つまり「技術的強み」とは、その要素技術をどのようなフィールド（用途）で活かすかによって変化する、相対的な価値なのです。

フィールドだけではなく、時代によっても変わります。かつては「技術的強み」と言えたものが、新技術の登場によって賞味期限切れを迎えている可能性があります。それなのに、いつまでも「技術的強み」と認識していないでしょうか。ここで言う新技術とは、必ずしも同種、同系の技術に限りません。全く異分野の技術が競合するケースもあります。

本当の技術的強みを把握するには、効能を基軸に、競合する代替技術を総じて把握し、評価しなければなりません。技術の棚卸しでそこまでできているでしょうか。技術の革新が速い時代ですから、技術の棚卸しは毎年でも実施し、「技術的強み」の再定義を繰り返していくことが必要なのです。

▼技術的強みを再定義するために目線を変える

時代の変化に伴い、製品のライフサイクルがどんどん短くなってきていることは説明してきました。技術の棚卸しでは、技術的強みが賞味期限切れを起こしていないかどうかを把握するとともに、「他分野に活かせないか」という視点も求められます。技術を活かすフィールド（用途）も変化しているからです。変化によって、日々新たなニーズが生まれています。

ここで「技術の価値」の評価の考え方について述べます。

技術とは、高価な材料や最新式の設備を使用しているなど、作り方が高度なものに価値があるのではありません。また、特許が何件あるかで評価できるものでもありません。その技術が生み出す「効能」と、その効能のためにユーザーが支払う「価格」とのバランスによって評価するものです。つまり、効能だけが高ければよいものでもないのです。

図３－１に、考え方のマトリクスを示しました。図の右上、すなわち「効能が高く価格が安い」ほどビジネスとしては有利になり、そうした技術の価値が高いと言えます。これ

が、技術の価値を評価するための基本になります。

次に、この技術を他分野に活かせる可能性を見出すためには、目線を変える必要があります。目線の変え方には様々な切り口がありますので、いくつかご紹介しましょう。

例えば、「別の性能や機能に着目し、異なる効能を見出す」という切り口です。ある材料について、それまで「耐熱性」ばかり意識していました。しかし、実は「断熱性」にも優れており、それを活かした方が用途として広がりがあるというケースです。

また、「性能や機能をユーザー目線で翻訳してみる」という切り口もあります。技術者が考えている効能は、ユーザーにとって効能ではないことがよくあります。例えば、金属を硬くする技術が

図3-1：効能と価格のバランス

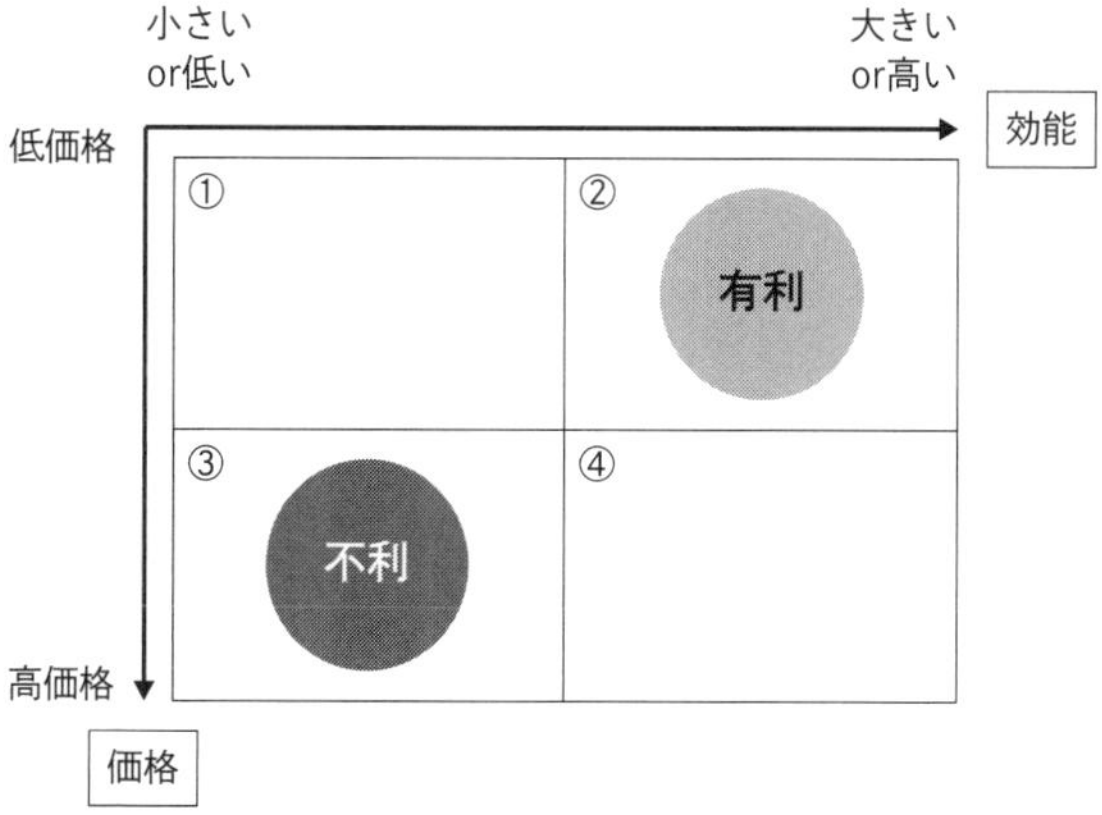

筆者作成

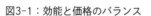

あり、その効能を「耐摩耗性が向上する」と考えていたとします。この「耐摩耗性向上」は、技術者の目線です。これをユーザー目線に翻訳すると「傷が付きにくい」となります。この目線の変更が、傷が付くことが課題の用途に活かせるわけです。

他にも「弱みを強みに置き換える」という切り口があります。株式会社カネカの主力事業の一つである「カネカロン」は、「紡績性不良」という弱みを「からまない」という強みに置き換え、人工毛髪市場を開拓して大成功しました。

弱みとされている特性への目線を変えることで、弱みを技術的強みに再定義できるのです。

▼なぜ金属プレス成型メーカーがカクテルシェーカーを開発したのか

横山興業は自社の研磨技術に着目し、シェーカーの内面を磨くことでカクテルの味がまろやかになる画期的なシェーカーを開発しました。なぜ、自動車部品メーカーである中小企業がカクテルシェーカーにたどり着いたのでしょうか。金属プレス成型メーカーであれば、成形（形を作り上げる）技術に着目するように思えます。

先に述べた通り、起点となったのは横山哲也氏が自動車部品製造事業の将来に危機感を抱き、自分たちで独自製品を企画開発したいと考えたことでした。それまで同社のモノづくりの視点は「与えられた課題に対応する」、つまり「他社が設計したものをどうやって品質を保ちつつ安く作るか」でした。自分たちで製品を企画開発するということは、「何を作るか？」から自分たちで考えなければなりません。ゼロから新しいものを生み出す経験は、それまでの同社にはありませんでした。

哲也氏は、最初に防犯フェンスを試作したそうです。開発の現場ではよくある光景ですが、まずはアイデア出しから入ったわけです。しかし、試作を繰り返すうち、製品のすべての工程を自社だけで行うのは現実的でないことがわかり、販売には至りませんでした。哲也氏はこれを「前向きにあきらめる」と表現しています。

その結果、哲也氏は「コアな工程のみ自社で行い、それ以外の工程は積極的に他社と協力すべきではないか」というオープンイノベーションの発想に至りました。そこで、自社にとって「コアな技術」とは何か、技術の棚卸しから始めることを考えました。自社の弱みは把握していましたが、逆に強みは何かと視点を変えたのです。

技術の棚卸しをした結果、①高精度な金型技術、②量産向け成型加工技術、③製品品質管理ノウハウ、という三つに大きく分けられました。横山興業のようなプレス成型メーカーであれば、金属プレス加工、穴あけ、曲げ、しぼりといった「②量産向け成型加工技術」に着目するのが普通でしょう。しかし、成型加工技術は材料面での制約があり、用途開発における広がりがありませんでした。自社でできる「鉄（鋼）」の成型加工にこだわると、例えばスチールラックなどに「製品」が限定されてしまいます。

読者の皆さんはお気付きだと思いますが、実はオープンイノベーションのメリットは、自社の技術の活かし方を拡大できるところにあります。自前での開発や、自社内の技術の組み合わせだけにこだわると、技術の活用範囲が制限されます。横山興業の場合なら、本業のシート部品から連想される車椅子などの製品は開発できるかもしれませんが、市場は限定されてしまうでしょう。

そうした安易な発想にモチベーションが上がらなかった哲也氏は、ＳＦＰ工法を導入する過程で得られた「①高精度な金型技術」である「ＬＡＰ研磨技術」に着目しました。創業から自動車や建材の事業で扱ってきた金属全般に素材を定め、独自技術の「ＬＡＰ研磨技術」によって差異化するアプローチで行こうと決めました。ＬＡＰ研磨技術なら、鉄（鋼）だけでなくステンレスも加工でき、製品の用途が広がりそうだと考えたのです。

哲也氏は、ＬＡＰ研磨技術をどう応用するか思案しました。用途開発において考慮すべき要素は、「選択する市場に競争相手が少ないこと」「大企業が参入して来ないこと」だと考えました。そして重要なことは「自らが情熱を傾けられるもの」でした。自分が営業マンになることを想定して、情熱を傾けることができるものが良いと考えたのです。

ここで言う「情熱を傾けられるもの」とは、「好きなもの」とは異なります。「好きなもの」だと、冷静な判断ができなくなる可能性があります。ビジネスに必要なのは「冷静な現実感」と「情熱」です。この「冷」という文字と「熱」という文字の両方を共存させることが、ビジネス成功の要諦なのです。熱意をもって取り組み、かつ冷静に判断できることが大切です。

話を「強みの再定義」に戻し、ここから技術転用の考え方について述べます。

ＬＡＰ研磨技術とは、研磨剤や油を用いて平滑で寸法精度の良い仕上げ面を得る研磨です。これを活かす道は、「滑りの良さ」にあると発想できます。摺動性《しゅうどう》（滑らかさ）を応用するとなると、普通に思いつくのは、よく滑るレールなどです。しかし、これではアイデアが短絡的で容易に模倣され、情熱を注ぐことができないと哲也氏は考えました。もっと発想を変える必要があったのです。

そこで、滑らかさを活かすのであれば、別に金属と金属でなくてもよいと思いつきます。対象が金属と液体ならどうなるかと考えたのです。

哲也氏が情熱を傾けることができるものの一つに、お酒の世界がありました。大学時代に日本酒の品揃えが豊富な居酒屋でアルバイトをしたり、一人でバー巡りをするほど、お酒のある空間と文化が好きだったそうです。ならば、まずは世界で一番、日本酒を美味しく飲める器を金属で作ってみようと考えました。こうして日本酒向けタンブラーを作ってみたそうですが、あまり味が変わらなかったと言います。そこでカクテルシェーカーでトライしたところ、先に述べたように、驚くほどまろやかな味になり、明らかな違いが出たのです。

ＬＡＰ研磨技術は、カクテルシェーカー内の混ざりに変化を与えました。それが、この技術が生み出した効能だったのです。

ここで行われた重要な目線の変更は、「滑らかさ」という効能を活かす用途を、従来の「金属と金属」ではなく、「金属と液体」に変えたことです。技術転用の原点は、こうした目線の変更にあります。

3-3 受け身体質を脱却する

▼受け身体質の脱却を基本戦略としたセーレン・川田氏の闘い

オープンイノベーションで対等な関係となるためには、自らの強みを把握しておく必要があると先に述べました。もう一つ、対等な関係を築くために必要な企業の土台づくりに「受け身体質の脱却」があります。

受け身の組織ではオープンイノベーションは進みません。組織としての体質を受動的組織から能動的組織に改める必要があります。一度染みついた受け身体質を脱却するのは、並大抵のことではありません。早い段階から動き、リーダーである経営者が主導して行うべきと考えます。

受け身体質の脱却に、職業人人生のすべてを捧げたと言ってよい人物がいます。セーレン株式会社のＣＥＯ、川田達男氏です。

福井県福井市に本社を置くセーレンは、年間売上１３２４億円（2023年3月期）で、東証プライム市場に上場しています。２００５年に旧カネボウの繊維事業を買収して話題となるまで、同社を知る人は多くなかったと思います。創業は１８８９年（明治22年）、繊維の染色加工を営む、福井県の老舗名門企業でした。

同社の名前は、染色する前に絹の不純物を取り除く「精練《せいれん》」という作業に由来しています。しかし、現在はカーシートをはじめとする車輌《しゃりょう》資材事業を主軸とし、その業態を大きく変化させています。

川田氏は１９４０年、セーレンの地元である福井市内で生まれました。１９６２年に明治大学経営学部を卒業し、地元の名門企業のセーレン（当時の社名は福井精練加工）に入社しました。

当時の繊維産業は「糸偏ブーム」と呼ばれる花形産業であり、入社は狭き門でした。川田氏は１５０人前後の応募者から採用された大卒幹部候補生６人の一人で、将来を嘱望されたエリートだったのです。

ところが、川田氏は入社後の研修中に会社の実態に疑問を抱きます。「この会社は顧客から生地を預かり、指定された色に染色加工して加工賃を受け取るだけの下請け企業だ」と感じたのです。顧客に言われるがまま生地を染色するだけ。粛々と作業をこなし、納期を守ればよいため、社内には「何も考えない社員」が目立っていたそうです。

研修後、川田氏は「手だけあって頭のない会社だ」「自社で最終製品を作らなければ、この会社に未来はない」といった感想を書いて提出します。そんな同氏への最初の辞令は、大卒社員では異例の支工場勤務でした。川田氏の率直な感想は、会社批判と受け取られたのです。今でこそ幹部候補生に現場を経験させる企業が増えていますが、当時は現場を軽視している企業が少なくありませんでした。

同期の大卒文系社員は皆、経営企画や総務といった本社の花形業務に従事する中、支工場で生産管理の業務に就いた川田氏ですが、後にこの最初の5年半の工場勤務が大きな意味を持つことになったと述べます。現場の人は何を考えて仕事をしているのか、現場では何が行われているのか。5年半の経験は同氏の財産になりました。

川田氏は目先の好業績にとらわれることなく、入社早々に染色加工という受託ビジネスの問題点を見抜き、将来への危機感を抱いたのです。しかし、業績が絶好調だった当時のセーレンでは、同氏の提言は「新鮮な意見」ではなく、会社の批判を口にする「問題社員」

と受け取られたのでした。

5年半の工場勤務を経て、念願の花形部署である営業に配属されましたが、川田氏はここでも会社の体質に批判を言いました（同氏にとっては問題提起ですが）。川田氏が見た営業は営業ではなく、単なるメッセンジャーボーイでした。「お客様から指図を頂いて工場へ送る。これは営業の仕事ではない」と思ったそうです。

会社の体質改革を訴えた川田氏は、営業開発部への異動となりました。ただ、同部の実態は窓際社員の集まりで、要するに左遷されたのです。しかし川田氏は、「勝手にやれということなら、勝手にやる」と考え、セーレンが持つ繊維の技術を応用できる事業がないか、新規事業の開発を進めることにしました。

靴の中敷きを作ったり、傘の貼り地を作ったりしているうちに、大きな市場を発掘します。自動車向けのカーシートです。1970年代当時、塩化ビニールが常識だったカーシートに、繊維技術を転用しようとしました。しかし、布には摩耗が早く、色が落ちやすいという課題があります。当時のカーシートは、10年間の耐久性がなければ採用されませんでした。

突破口となったのはポリエステル素材です。自動車業界の常識は、「カーシートに繊維は使えない」というものでした。しかし川田氏は、ウールなどの天然繊維では耐久性の面で難しいが、ポリエステルのような強度の高い合成繊維であれば可能ではないかと考え、提案してみたのです。

ポリエステルは日光堅牢度や摩耗強度といった点で優れた合成繊維でしたが、高強度であるがゆえに起毛加工が困難でした。起毛加工とは、布の表面の繊維を毛羽立たせる処理のことです。これにより繊維ならではの風合いと肌触りが得られます。これを可能にしなければ、カーシートに繊維を活用する意味はありませんでした。ナイロン素材なら起毛加工や染色加工は容易でしたが、ポリエステルのような日光堅牢度や摩耗強度はありません。

そこで、ナイロンとポリエステルという、性質の違う繊維の交編素材（ハイブリッド素材）を開発し、染色加工を施してみたのです。セーレンは顧客の要望に応えるため、繊維の合成や染色などの加工処理技術を数多く保有していました。

しかし、ここで一つ問題がありました。カーシートへ繊維技術を転用する話は、あくまでも自動車メーカーの担当者個人からの誘いであり、自動車メーカーからの正式な要請、つまり正式なオープンイノベーションではありませんでした。そのため、試作品を作りたくても会社は認めてくれません。セーレンにとって、衣料以外の分野への進出は未経験のことであり、確実に買ってくれる保証のない仕事の技術開発に理解を得られなかったのです。受注の確実性を求める考え方も、受け身体質の一つの特徴と言えます。

試作品もない中で、自動車メーカーが採用を決めてくれるはずはありません。途方に暮れていた川田氏に救いの手を差し延べたのは、5年半一緒に働いた工場の人たちでした。彼らが夜勤の合間に会社に内緒で試作品を作ってくれたのです。この試作品が自動車メーカーから認められました。

そこで、次の課題が生じました。いざ量産段階になると、織機や編機を購入しなくてはなりません。その投資を会社は絶対に認めませんでした。下請け体質に慣れ切った企業にとって、将来の需要を見越して設備投資するという発想がなかったのです。これも、受け身体質の特徴です。

川田氏は「勝手にやります」と宣言し、別会社（子会社）としてセーレンKP社を立ち上げ、そこで作ることにしました。同氏は「今までそうした苦労の中で、必ず隣に理解者はいる」と振り返ります。

この時、セーレンKPに資金を提供したのは、取引先の帝人株式会社と伊藤忠商事株式会社でした。川田氏は、外部から資金を調達して会社を立ち上げ、逆にその評価をもって社内を説得し、セーレン本体からも資金を引き出すことに成功しました。

1976年、セーレンは布製のカーシートを初出荷しました。肌触りの高級感と耐久性を両立させたのです。同社が自社で製品を企画した初の事例となりました。

これを、本書のテーマである「オープンイノベーション」の一つとして扱ってよいものでしょうか。技術移転の有無もありますが、それ以上に、ここに登場するプレーヤーは、帝人、伊藤忠商事という日本を代表する2社の大企業と、川田達男という一人の人物です。受け身組織だったセーレンだけが、このオープンイノベーションの枠組みから脱落した構図でした。

組織としての意思決定を、個人が勝手に覆すようなことはあってはならないでしょう。川田氏の行動が組織人として正しかったかどうかは賛否が分かれると思いますが、川田氏には会社の下請け思考と受け身体質を絶対に変えなくてはいけないという信念がありました。そして、同氏を信用して資金を提供した二つの大企業が存在しました。その結果、現在のセーレンの売上の3分の2を占める中核事業が誕生したのです。

この功績により、川田氏は1976年に課長に昇進しました。その3年後には製品営業部長に就任し、トヨタ自動車や三菱自動車工業といった大口の顧客を開拓して、かつての「問題社員」という評価は一変しました。1981年には41歳で役員に抜擢されます。現在、同社の車輌資材事業は売上820億円（2023年3月期）に上り、すべての国内自動車メーカーと取引をしています。

川田氏のスピード出世とは対照的に、本業である生地の染色加工事業は低迷し、セーレンは倒産の危機に追い込まれました。この窮地の中、当時の5代目社長が「君の手で会社を変えてくれ」と後を託したのが、当時47歳の最年少役員だった川田氏でした。

社長に就任した川田氏は、「受託ビジネスから脱却しなければ会社の未来はない」という自分の主張に耳を貸さず、本業に固執し続けてきた役付役員を全員、平取締役に降格させ、カーシート材の事業を主力に据えて、会社の再建に乗り出します。

社長に就任した1988年に、①ビジネスモデルの転換、②非衣料・非繊維化、③IT化、④グローバル化、⑤企業体質の変革、という五つの経営戦略を示しました。

川田氏は、「セーレンの下請け体質脱却は、まだ道半ばです」と語ります。組織の受け身体質は、そう簡単には変わらないそうです。しかし、リーダーが受け身の体質（下請け思考）の脱却を図ると決めて行動すれば、時間はかかっても確実に組織は変わっていきます。

セーレンには１００年もの間に蓄積してきた様々なシーズ技術があり、川田氏はこの技術の可能性は広いと考えていました。「21世紀を見据えて大きな夢と志を持ち、それを社員全員が共有しなくてはなりません。〝やろう〟と決めたらとことんやる。そこで〝不可能〟などと考えてはいけません」と述べます。とは言え、これまで川田氏は大規模な投資で失敗したことはありません。本当に無謀なことはしていないのです。

川田氏は、「技術者は、はっきりと見えるところまでしか〝できる〟と言いませんが、私は夢があれば飛べると思います」と語ります。このような変化の難しい時代だからこそ、技術者は夢を持つべきなのです。そして、変化の激しい時代において、受け身体質の企業に未来はないと認識すべきでしょう。

会社の受け身体質を変えることに情熱を持って挑んだ、セーレンのCEO川田達男氏

セーレン（株）提供

▼攻めの組織になるとは

受け身体質の組織は社会の変化に対応できません。かつてのセーレンのように、主力事業だった生地の染色加工の上に胡坐《あぐら》をかけば、時代とともに衰退していくばかりです。リスクが高い時代だからこそ、攻めの組織になる必要があります。攻めはリスクが高いように思われますが、環境変化の激しい時代には、むしろリスクマネジメントになります。ただし、「攻める」とは無謀なことに挑戦することではありません。先にも述べた通り、新たな事業を構想する際、「情熱」とともに必要なのは「冷静な現実感」です。

3-4 学びあうために必要なもの

オープンイノベーションの中核には、「お互いに学びあうこと」があると述べました。学びあうためには、相手から何を学ぶべきかが明らかになっていると同時に、相手に何を学んでもらえるかも明らかにしておく必要があります。

▼自社が何を学ぶ必要があるかを把握する

オープンイノベーションで何を学ぶかを把握するためには、自社に不足しているものを知り、相手の強みを理解する必要があります。

ただし、これはやってみないとわからない面があります。やってみて初めて、自分たちは何もわかっていなかったことを理解できるケースは多いのです。まずは自社でトライし、どこまでできるかを試した結果に得られる「前向きなあきらめ」が必要です。

ＮＴＴと東レのケースであれば、ＮＴＴは繊維導電化の基礎技術は開発したものの、衣服を洗濯できませんでした。製品化に不足している技術を明確にできたため、パートナーの公募に踏み切れたのです。

横山興業は、自社がプレス成型メーカーだからといって、ステンレスのプレス成型にまで手を出すのは無謀だと判断し、シェーカーのプレス成型は外部の力を借りることにしました。これも製品を試作した結果、見えてきたことです。

オープンイノベーションで言う脱自前主義とは、自前のモノづくりを完全に放棄するものではありません。自分たちでできることは自分たちでやった方がよいのです。どこまでできるかを把握するためにトライし、自分たちの限界を知ったら、潔く他社の力を借りることだと考えます。

▼オープンイノベーションでは、攻めの特許に価値がある

外部から何を学ぶべきかが明らかになったとして、相手がそれを提供できるかどうかはどう見極めればよいのでしょうか。このような時に有効なのが、特許です。自社が学べる

ものを相手がどれくらい持っているのか。その仮説を立てるうえで、相手の特許を評価することは有効です。

一方、オープンイノベーションでは相手を選別するとともに、相手からも選ばれる必要があります。この「相手から選ばれる」ための要素の一つにも特許があります。

従来、モノづくりの世界では、絶対に開放すべきではない「守りの特許」に価値が置かれてきた経緯があります。しかし、オープンイノベーションでは「攻めの特許」にこそ価値があります。つまり、相手が欲しいと思う特許、使いたいと考える特許です。

「hitoe®」のケースでは、NTTの繊維導電化基礎技術の特許が、東レにとって学びたいものとなり、東レの提案を引き出したと言えます。

どこを特許として押さえるべきかという特許戦略にも影響を与える考え方であり、外部目線で自社の特許を棚卸ししてみるのもよいでしょう。外部の企業が欲しいと考える特許がどれだけあるかです。

オープンイノベーションでは、攻めの組織になることと併せて攻めの特許も重要となるのです。

▼相手に学んでもらえることを明確にする

重要なのはオープン&クローズ戦略です。自社が絶対にクローズするべき守りの領域を明確にすると同時に、相手にどこまで提供できるかも明確にしておくべきです。先に述べた通り、フルクローズではオープンイノベーションは進みません。お互いに学びあうためには、相手にも学んでもらう要素が必要です。

「hitoe®」のケースでは、共同開発前にNTTが単独で取得していた繊維導電化技術の特許を、「hitoe®」の衣類を製造するために東レにライセンスしているそうです。

技術や知見が一方通行になるケースもあります。フィリップスが家庭用製麺機を開発したケースでは、小麦粉のノウハウを日清製粉グループ本社から獲得しました。一方で、フィリップスから日清製粉グループ本社に提供した技術や知見はなく、家庭用製麺機の特許もフィリップスが単独で取得しました。ただし、日清製粉グループ本社の小麦粉を指定小麦粉としたレシピを同封したことで、同社の小麦粉はインクジェットプリンターのインクのように、消耗材として使用され続けるメリットを得たのです。

このように、相手が学べるものを明らかにすることで、相手から学べるものも得られます。相手が学べるもの、すなわち「オープン化要素」を明らかにする必要があるのですが、日本のモノづくり産業には「秘密主義」の思想が体質的に根付いており、ここを変えていかなければなりません。

3-5 「学びあうこと」がオープンイノベーションの中核要素であり、価値でもある

オープンイノベーションでは、異業種の企業が異なる価値観と考え方のもとで、お互いに学びあうことに意味があります。そうでなければ成立しないことを述べてきました。また、オープンイノベーションは手段であり、目的ではないことも述べました。進化戦略を踏まえ、自社の技術的強みを再定義して、新たなビジネスを構想し、そのための手段として実施します。新たなビジネスを生み出すためと述べていますが、新たなビジネスはなかなか成功しないものです。では、ビジネスとして成功しなければ、オープンイノベーションの取り組みはすべて無駄になるのでしょうか。

オープンイノベーションでは、異分野の考え方や価値観の議論を通じて技術者の思考が刺激を受けます。狭くなりがちな視野が広がり、物事を視る角度が増えます。また、異分野の人たちとの信頼関係を構築するために、相手の立場に立って考える機会を通じて、人間として磨かれます。

人間は、常に精密な考えを持つと同時に、遠大な視野というものも併せて持つ必要があります。一つの知識を精密に研究しながら、同時に自分のいる世界と異なる世界の考え方やモノの見方に触れていくことも重要なのです。あまりにも断片的なもの、専門的なものばかりを追求しすぎると、頭も精神も凝り固まっていきます。ある時は精密に、ある時は大胆な思考とモノの見方が求められます。

オープンイノベーションという機会は、決して無駄にはならないでしょう。仮に、オープンイノベーションを実施した結果、ビジネスが失敗に終わり、開発された製品が消滅したとしても、経験と知見は関係者の中に残ります。この経験と知見が教科書に書かれた理論と融合し、実践的な裏付けを持つ「道理」に変わった時、現代のハイリスクなビジネス環境においても、道なき道を進む力になるものと考えます。

このように、学びあうことはオープンイノベーションの中核要素であり、またオープンイノベーションが生み出す本質的な中核価値でもあるのです。

第4章

これからのオープンイノベーション

　ここまで、オープンイノベーションがうまくいかない要因を振り返ることで、日本のモノづくり企業が改めるべき思考を明らかにして、オープンイノベーションを成功させるためのゴールの形としてテクノロジー・コラボ術を提案し、そのための土台づくりについて述べてきました。

　最後に、日本のモノづくり企業が向かうべき方向性について、有識者へのインタビューを交えながら考えます。

4-1 日本のモノづくり企業は、このままでよいのか

　世界中で知の共有が凄まじいスピードで進み、外部の技術や知見を組み合わせることに長けた企業は、イノベーションを飛躍的に拡大させています。「GAFAM」と呼ばれる巨大企業群がその一つです。

　ビジネスの主導権はこうした企業に移り、日本のモノづくり企業は要素技術で貢献する

も、ワールドビジネスの世界でイニシアティブを取っている企業は自動車メーカーなど、ごく一部に限られ、その自動車産業も大変化の時を迎えています。

この時点でもなお、「そもそも外部の知見や技術を借りるという、そんな発想はなかった」と笑って語る技術者や経営者が大勢いるのも事実です。日本のモノづくり産業の未来に不安を覚えずにはいられません。

こうした現状を変えていくためにはどうすればよいのか、お二人の有識者の知見に触れながら、今後のオープンイノベーションの必要性を検討したいと思います。

一人目の井上潔氏は、現在様々な企業のオープンイノベーションを支援されているコンサルタントの方です。二人目の千歳喜弘氏は、企業のトップとしてオープンイノベーションを進められた経験のある方です。第三者の視点から問題点を指摘いただき、オープンイノベーションによってこれからの日本のモノづくり企業が歩むべき道を伺いました。

4-2 歴史的必然としてのオープンイノベーション

株式会社アーク・イノベーション　代表取締役　井上 潔 氏

富士通株式会社経営戦略室課長を経て、2000年に退社。2001年、独立系インキュベーションファーム設立（代表取締役CEO）。2008年、研究開発型製造業に特化した戦略コンサルティングファーム、株式会社アーク・イノベーションの代表取締役に。投資育成先の複数のベンチャー企業の取締役、代表取締役を兼務。国立研究開発法人科学技術振興機構（JST）のスタートアップ出資・支援室の推進プログラムオフィサー。

▼オープンイノベーションの必要性

オープンイノベーションは歴史的必然だと捉えています。

私は、1980年代半ばに富士通で社会人としてのキャリアをスタートさせました。

ＩＴという産業分野では様々な事象・変化が他の分野よりも先に進む傾向があります。１９９０年代には半導体の集積度の向上、コンピューターのダウンサイジング、コンピューターＯＳのオープン化、携帯電話の登場、インターネットの民需転用といった巨大な変化が一気に進み、シリコンバレーでインテル、マイクロソフト、サン・マイクロシステムズといった企業群が続々と勃興し、新たなエコシステムを築きつつありました。

また、米国では、年金のポータビリティ、ストックオプション関連法規の整備、リスクマネーについての税制面での優遇といった施策が次々に打たれました。特にＩＴの分野において、優秀な研究者や技術者の流動性を高め、資金をチャレンジングな研究開発に傾斜配分させるような社会的な仕組みづくりが一気に進みました。

当時の北米のＩＴ分野におけるこうした一連の動きは、まさにイノベーションのるつぼと言えるような熱さ、激しさでした。１９９０年代まではＩＴの分野は、ある意味ＩＢＭを中心とした安定した技術プラットフォームの上で、グローバルで７～８社ほどのコンピューターメーカーが予定調和的な戦いを繰り広げるという平和な世界でした。

しかしその後、その百倍を超える新たな侵入者、競合、カテゴリーキラーが突如出現し、既存のプレーヤーたちに速さと変化への対応力、将来のビジョンを武器に戦いを挑むという、激しい戦いの世界へと変わりました。製品や技術の賞味期限は一気に短くなり、投入した新製品で稼げる期間は従来の3分の1から5分の1程度に縮んだのです。

当時、この変化の速さ、時間軸の短縮にいかに対応していくかが、非常に大きな課題でした。答えはやはり、イノベーションのオープン化、外部連携の強化しかなく、見様見真似で、いかにシリコンバレーのようなエコシステムを富士通という企業の中に実現していくかを真剣に考えたものでした。

当時の社長（関澤義氏）は、このような変化の本質が見えていた方でした。今ではほとんどの業種に広がっているCVC（コーポレートベンチャーキャピタル）や、ボトムアップ型の新事業提案・育成制度（ベンチャー制度）、事業のDD（デューデリジェンス）力や育成力強化のための人材研修（シリコンバレーへの人材派遣）、といった施策を次々に具現化されました。これらは今ではオープンイノベーションを推進するために必須のツール類となっているように思います。

こうした施策の一翼を担いつつ、私は外へ出てのチャレンジを決め、IT分野以外の医療ヘルスケア、バイオテクノロジー、マテリアル、モビリティといった広い業界で活動してきました。

あらゆる産業において、研究開発は日に日に競争が激しくなってきています。20世紀に研究開発を担っていたのは、日米欧という限られた先進国の人たちだけでした。しかし、21世紀に入り、ツール・デバイスや社会インフラの進化に伴って、新興国から発展途上国に至るまで多くの人が様々な情報にアクセスできるようになりました。先進国との情報格差はどんどんなくなり、人口で考えると8億人の世界での競争が70億人の世界での競争になったと言われています。

また、20世紀は、世界で一番優秀な研究者を集めて囲っておけば自然とイノベーションは生まれるという、いわゆる「パロアルトモデル」が正しかったわけですが、21世紀に入り、このパラダイムは既に成立しなくなっています。優秀な技術者は、いくら優秀だといっても、一つ（人によっては二つ程度）の技術プラットフォームの中で優秀ということにすぎません。

この技術プラットフォームの賞味期限が長かった時代には、技術者を30～40年間正社員として雇用し、技術の囲い込み、「手の内化」を行うことに一定の合理性がありました。しかし、ライフサイクル短縮化の現代では、20年以内に賞味期限切れになるビジネスがたくさん出てきます。そうなると、多くの技術者を正社員で囲い込んでおくことに合理性がなくなり、新卒から定年まで雇うことの正当性が薄れてくるのです。

ＩＴからキャリアをスタートし、その後、様々な産業を見ながら感じていることは、やはりイノベーションのオープン化は歴史的必然だということです。研究開発そのものが様々な道具立ての進化に伴い加速していることは、すべての技術者が日々感じていると思います。ＩＴ業界との親和性が高い業界ほど、製品の開発競争、技術革新が速くなり、製品のライフサイクルが短くなってきています。

ライフサイクルの短縮化は、「稼げる期間」の短縮化でもあります。すばやく研究開発を行い、機動的に製品を投入し、そのライフサイクルを常に意識しつつ、トータルでの投資を着実に回収する。こうした意識を強く持たねば企業は必ずじり貧になります。

ディスプレイの世界を例にとると、ブラウン管の時代では40年以上、安定した収益を稼げる期間がありました。これだけの期間があると、４位や5位のポジションの企業でも長期的に研究開発投資、設備投資に見合った収益を得られます。

ところが、液晶やＯＬＥＤ（有機ＥＬディスプレイ）の時代には、収益のピーク期間が一気に短くなりました。[※1] そうなると、いかに短期間で収益を得られるかが重要で、ここで収益を得られなければ研究開発投資、設備投資を正当化できなくなります。そのために「速さ」にウエイトがかかってきます。

マネジメント層の人たちは、この「速さ」というものの怖さを正しく理解していく必要があります。「時間がかかっても良いものを作れば勝てる」という時代は、とっくの昔に終わっているのです。

では、この速さをどう実現していくのか。自社の研究者だけでR&D（研究開発）に臨むと間に合いません。迅速さ、アジリティを実現するために必須となるものが、外部リソースの機

図4-1：製品ライフサイクル（ディスプレイのケース）

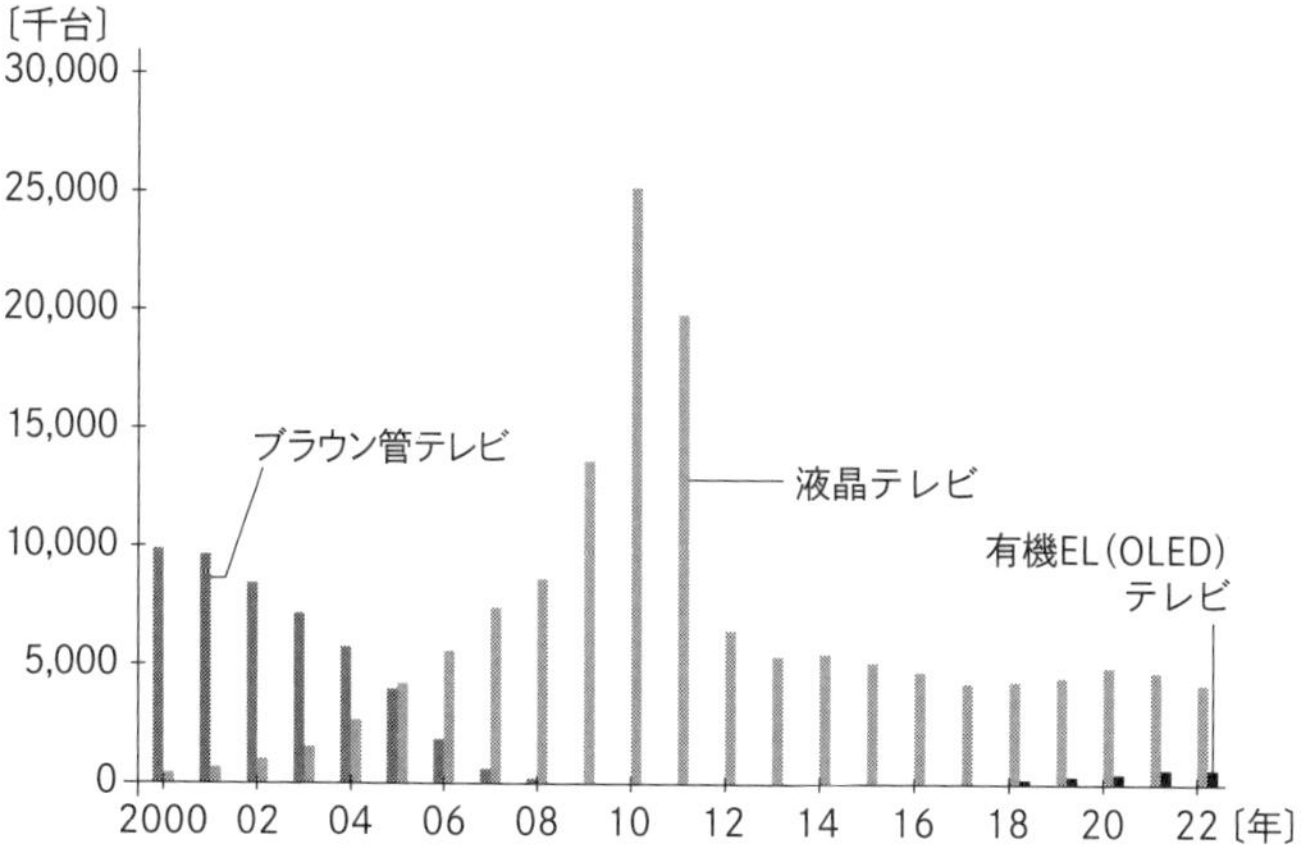

JEITA出荷統計より、筆者作成

動的活用や外部連携といった、オープンイノベーションへの取り組みであると確信しています。「時間を買う」といった感覚が非常に重要な時代になっていると考えます。

研究開発の加速化の流れは、今や様々な産業で起きています。医薬・医療の業界でもそうですし、半導体や電子部品の業界でもそうです。百年に一度の変革期にある自動車産業なども、まさにその真っ只中にいるのではと感じます。

じっくりとした息の長い取り組みが多かった材料系の研究開発もそうです。マテリアルズ・インフォマティクスの普及に見られるように、例えばシミュレーションの技術が進化したことで、かつてのように何度も試験管を振ってたくさんの実験をシラミ潰しに繰り返すような手法は、終わりを告げつつあります。

様々な業界におけるR＆Dの加速化は着々と進んでおり、これまで以上に外部連携の重要性が高まっています。このような時代ですから、いかに外部との連携を賢くやるかが問われていくでしょう。

※1：図4－1の通り、ブラウン管テレビは1970年代以降、長きにわたって年間1000万台の成熟期（収益回収期）があったが、2000年代以降の液晶テレビの急成長により市場は縮小した。置き換わった液晶テレビは急速に市場が拡大するものの、2010年にピークを迎えた後は衰退期に入っており、投資回収期となる成熟期が存在していない。

▼モノづくり企業はこれからどうしていくべきか

まず、自社の経営リソースがどうなっているのかを正確に把握すべきだと思います。いわゆる技術の棚卸しです。

ホームページなどで、「弊社のコア技術はこうです」という会社はありますが、では同業他社と比べてどうなのかです。強さというのは多様な階層で成立します。デジタル領域との相性も含めて強力な布陣になっているのか、知的財産（知的財産権、ノウハウ）の観点から評価していくことが必要です。コアバリューは何で、核心部分は何で、これから社会に対してどのように貢献できるのかを突き詰めるのです。

我々、アーク・イノベーションはそうした取り組みを支援しています。企業はコアバリュー、中核的価値を突き詰めて、自分たちは何者なのかを追求しなければなりません。「社会潮流」「少子高齢化」「地球温暖化」など、トレンドとしての全地球的課題があり、その下に細かい課題があるわけですが、様々なメッシュでの課題ごと（大テーマ、中テーマ、小テーマという意味）に、自分たちのポートフォリオを考え直す必要があります。

日本企業は、ポートフォリオの若さに対して鈍感です。製品を市場投入してから既に20年や30年経っているケースが多く、直近5年以内で出しているものは、欧米企業に比べて少ないです。あきらめずに長くやっているという側面もありますが、実は気が付いたら外に売却もできないような事業を持っていたりするわけです。

自動車産業はパラダイムシフトの最中にありますが、内燃機関向けの部品が売上の半分を占めているような会社は、どう考えても事業ポートフォリオを考え直す必要があると思います。ところが、「このままだと2025年には売上が3割減るのでどうしましょう」などと、のんびり動いている会社が多いです。

例えば、これからワイヤーハーネスの需要は減っていきます。ワイヤーハーネスはかなり重量があるものなので、軽量化のニーズから無線化していく流れになるでしょう。シェア1位・2位の会社はともかく、シェア4位・5位といった会社が「供給責任がある」と思い込んでいると、いずれ事業を売るに売れなくなるわけです。

自動車メーカーからはコストダウンの要請が毎年ありますから、競争環境は厳しくなる一方です。営業利益率1~2%といった状況です。そうしたことがワイヤーハーネスに限らず、たくさんあるのです。そして、このようなポートフォリオが残っているのが日本のモノづくり企業なのだと思います。

２０３０年から２０４０年に向けた新たな事業を構築していくために、自社のコアバリューを考え直すべきでしょう。そのために、外部連携は必須です。産学連携や研究開発の外部委託、場合によっては買収も検討すべきです。そうしたことをやっていかないと、日立製作所の川村さん（株式会社日立製作所元取締役・代表執行役会長兼執行役社長の川村隆氏）が言っていた、「ゾンビ事業」の塊のような会社になってしまいます。

「コアバリュー」「自分たちはこうありたい」「社会的課題」の三つを掛け算して、その中でどういったところに行くかというラフな設計図を描きます。それを実施するための道具として、「オープンイノベーション」をいかに活用するかが重要になります。とっくの昔に、そういう時代になっているのです。早い時期から気付いて先行的に動いている企業もありますが、まだまだこれからという企業も多いのが実態です。

それをどう賢くやるか、知恵の見せどころです。今までずっとタコツボ型（すべてを自前でやろうとする思考）でやっていた企業に知恵があるかというと、見様見真似でやったり本を読んだりと、形から入るでしょう。しかし、それだけでは足りません。外部の知恵をきちんと借りること、耳に痛いことを言われても、それでもちゃんと聞いて、自分たちの良さを失わずに本質的な部分を見ていくことが大事だと思います。

▼日本人は特許リテラシーを高めるべき

技術が高水準にある国はプロパテント、追いかけている国はアンチパテントの傾向がありますが、日本は2000年頃にプロパテントに舵を切ったように思えます。しかし、どうもそれが個別にはうまく機能していないところがあるようです。

例えば、いまだに特許の質の評価がきちんと機能していないように感じます。特許の数で比較して、クロスライセンスにするかどうかと考えられていますが、それだと規模の大きな会社が有利になります。ベンチャー企業から見ると、なかなか厳しい状況になるのです。そうではなく、もっとより本質的な知的財産権の価値を評価し、守れるような仕組みにしていくべきです。

知的財産権の制度でいえば、物質特許などはディフェンスがしっかりしているように思えますが、製法特許となると侵害された側が侵害を立証する義務があります。ソフトウェア特許のソースコード開示もそうですが、立証の義務があることで権利行使のハードルが高くなっていると思われます。一定の資格を持った人の立ち合いのもと、製造プロセスにおいて特許を侵害していないか客観的にチェックする制度[※2]もできたようですが、それが有効に機能するのかどうかです。現状はどうなのでしょうか。

日本の企業は、まだまだ特許のリテラシーが高くないように思います。ある会社の特許の棚卸しをしたことがありますが、3分の1くらいは必要のない特許でした。ならば、それを放棄して、外国特許出願にお金をかけるべきだと助言したことがあります。その会社は数多くの特許を出していた割には、外国特許をほとんど出しておらず、特許のフォーメーションが不十分でした。

本質的には、日本人そのものの特許リテラシーが低いのだと思います。本当に「良い特許」とは何か、日本企業で働く人の半分くらいは理解していないのではないでしょうか。「強い特許とは何か」といったことを、新入社員研修などで教育すべきです。技術者に限定せず、モノづくり企業であれば、事務系も含めて全社員が知っておくべき知識だと思います。技術者もいまだに「研究が仕事であり、特許を出すのは面倒くさい」という風潮がありますから。

オープンイノベーションの実施において、自社の技術リソースを形成するうえで特許戦略、知的財産戦略は重要な部分です。特許ポートフォリオ、特許フォーメーションは他社と比較しながら常に把握し、ディスカッションする。そのような形を組織の仕組みとして構築しておくべきでしょう。

※2：令和元年特許法改正（令和元年5月17日法律第3号）によって、特許法第105条の2から第105条の2の10までを新設し、専門家（査証人）による法的拘束力を有する証拠収集手続である査証制度に関する規定を定めた。また、第200条の2を新設し、査証人の秘密漏洩等に関する罰則措置が設けられた。

▼協業相手とうまくやっていくために

ゴール（ビジネスモデル）を明確にしておくべきです。最初から事業の棲み分けを明確にすることが重要です。オープンイノベーションをデザインする際に、それぞれの役割分担を早期に明らかにしておくこと、それがオープンイノベーションを成功させるカギです。

医薬業界であれば、ロケーションで棲み分けする場合があります。第一三共とメルクが最大で3兆3000億円もの巨大なオープンイノベーション[※3]を実施すると発表していましたが、日本国内市場では第一三共が販売し、それ以外はメルクというように、ロケーションで棲み分けする方法があります。医薬品の場合は、MRのようなインフラが重要なので、企業は販売力のある国とそうでない国が明確で、こうした棲み分けが可能になります。

※3：2023年10月、第一三共株式会社が開発中の三つのADC（抗体薬物複合体：がん治療用薬剤）の開発・販売でメルクと提携したと発表したもの。開発費は製品ごとに最大20億ドルまでメルクが75％を負担し、それ以降は折半。販売は、日本以外では両社で共同販促し売上総利益と販促費等を折半。日本では第一三共が単独販売し、メルクにロイヤリティを支払うスキーム。製造と供給は第一三共が担当。第一三共が受け取る対価として、総額最大220億ドル（約3・3兆円）というもの。

▼モノづくり企業が自前主義の幻想から脱却できない理由

「技術とは、自分たちで培い蓄積するもの」という思い込みと、自社内で囲い込む技術の範囲が広すぎるのでしょう。2000年頃までは、それでも問題ありませんでした。「技術は自社で蓄積し、〝手の内化〟し、外に出さない方がよい」という思い込みが強いのだと思います。しかし、すべての技術について、そうすべきでしょうか。

コアバリューの部分は「自分たちでできる限りのことはする」でよいのかもしれません。しかし、そのコアバリューでさえも、自分たちだけで行うのではなく、外に良いものがあれば、どんどんスカウティングし、自社内に取り込んでいくことをしていかないと、これからは難しいのではないでしょうか。

というのも、電池一つとっても何が次世代の主力になるかわからないような時代です。今やR&Dはボラティリティ（変動）が大きい時代であり、その点を理解しておく必要があります。

例えば、水素をオンサイト（現地）でローコスト製造できる画期的な技術ができたら、水素を運搬する技術の開発をしている人たちはどうするのか、という問題があるわけです。水素を運搬する技術を自社でお金をかけて開発してもよいですが、もっと外側に目線を張ることをしておかないと、開発が大コケする可能性も十分あり得ます。

技術者には、若いうちから外側に目線を広げる教育・訓練をしておかないといけません。日本のモノづくり企業は、人材育成の研修プログラムを本質的に見直すべき時期に来ているのではないでしょうか。

▼日本のこれからのオープンイノベーションについて

まだチャンスはあると思います。激動する世の中において、世界中でR&Dをきっちりやることが雇用や国富を維持するための重要なツールであるというのは、共通認識になっているでしょう。厳しい競争環境でスピードが速い中でも、日本にはまだ戦えるチャンスがあります。半導体においても、脱炭素においてもそうです。

日本には、素晴らしいR&Dの先端技術がまだまだあると思います。それをいかにビジネスとして展開していくか。諸外国に奪われないように、模倣されないように、盗まれないように、いかにディフェンスを考えていくか。外部との連携を進めるということは、ディフェンスもしっかりやることが必須です。特に知的財産権のリテラシーを上げていくべきです。

オープンイノベーションから逃げることは、滅びに進むことだと思いますので、そこは不退転の決意で何としてでも取り組んでほしいです。

4-3 学び敬いあうオープンイノベーション

マクセルホールディングス 株式会社　元代表取締役会長／
マクセル 株式会社　元取締役会長　千歳喜弘 氏

1971年、日立マクセル株式会社入社。磁気テープ事業や二次電池事業、光学部品事業を経て、2011年4月社長就任。趣味はゴルフ、植木。好きな言葉は「着眼大局 着手小局」「莫煩悩（まくぼんのう）」。

▼学びあうオープンイノベーションを実践するために

お互いに学びあうためには、お互いに敬いあうことが必要です。オープンイノベーションとは、会社が寄ればできるものではありません。企業は、オープンイノベーションの前にすべきことがあります。それが強みの把握です。

長く続いている会社であれば、必ず強みはあります。強みが差別化の源泉になります。その強みを把握してこそ、横展開（技術転用）が可能となります。しかし、「強み」というのはベールに包まれていてよく見えないものです。だからこそ、いかに深く掘り下げるかが必要なのです。これを私は「源流遡及《そきゅう》」と呼びます。

強みを把握したら、それ以外は弱みと言えます。つまり、強みの把握とは、裏を返せば弱みの把握にもなるわけです。

多くの人は「自分が一番だ」と考えているところがあります。しかし、それは狭い世界しか見ていない、自分が見えている範囲内での「一番」なのです。だからこそ、自らを知る意味でも、自分たちの「弱み」も把握しておく必要があります。

「弱み」を把握してこそ、自分たちにないものを持っている相手を「敬う」ことにつなげていけるのです。相手を敬うことができてこそ、学びあうことができ、学びあうことでオープンイノベーションを成功に導くことができると思います。ですから、まずは「お互いに相手を敬いあう」ことが大事です。

この「敬う」というのは、元来日本人が得意とするところのはずで、日本人の強みと言ってもよいのかもしれません。よく「○○様のおかげです」という言葉を耳にします。プロ野球の試合で、完封勝利をしてヒーローインタビューのお立ち台に立つピッチャーが、自らの血のにじむ努力を胸の内にしまい「ここに立てたのは（ブルペンキャッチャーなどの）裏方さんのおかげです」と当然のことのように言います。

日本の純文学における最高峰の賞とも言える芥川賞を受賞した新進気鋭の作家が、執筆における数々の苦悩を横に置いて「（受賞は）恩師や友人のおかげです」と頭を下げるのです。このように「貴方様のおかげ」と自然に振る舞えるのは、日本人の特長ではないかと思います。

相手を敬い、お互いに学びあうオープンイノベーションというのは、日本のモノづくり企業が強みにできる可能性さえあると考えます。この「敬う心」を持って、お互いが学びあえば、一人の人間が「10」の力を持っているとして、その人間が3人寄れば「10×10×10」で「1000」の力になるわけです。

こうしたモノづくり文化が日本にできたとしたら、「オープンイノベーション」は日本のモノづくり企業にとって世界最強のツールになれるかもしれません。もし、オープンイノベーションがうまく進まないのだとしたら、それは相手を敬うことができていないためでもあると思います。また、日本のモノづくり企業はお互いにバリアを張っている面もあるのかもしれません。

▼「明るいリーダー」の存在が、敬いあえる関係を生み出す

では、どうやって現状を変えるか、どうやって敬いあう関係になるかといえば、誰かムードメーカーになれる「明るい人」が必要なのだと思います。私は、これを「夏の火の虫」と言います。明るいから虫は集まって来るのであり、暗いと虫は集まって来ません。人間も同じで、明るい人のところに自然と人は集まって来ます。この明るい人が、リーダーの役割を果たすべきだと思います。

そして、個々人は、自分は人の助けがあってこそ今の自分があることに気付くことです。周りの人が助けてくれたからこそ、ここに至っていることを理解することです。それがわかれば、「お返ししたい」となります。人はもともと「人を助けたい」という気持ちを、多かれ少なかれ持っているはずです。

人は変わることができます。今は相手を敬う心を持ち合わせていなくても、人の助けを

借りずにきた人はいないはずで、今の自分があるのは周りの人の助けがあってこそだという点を理解すれば、相手を敬う人間になることはできるでしょう。

自分が一番だと考えている人が、すぐに相手を敬うという思考に転換するのは難しいかもしれません。先ほども述べましたが、自分が一番だと考えている人は、あくまでも自分が見えている世界での一番です。だからこそ、広い世界を見るべきです。

オープンイノベーションを通じて、異なる業界・業種の人たちと接して議論し、異なる考え方に触れることでお互いに刺激しあって、物の見方が変わることで視座が高まります。大事なのは視座を高めること、自分のポジションよりも二段高いところに目線を引き上げることです。

そして、「敬いあう関係」になるには、相手に対して隠しごとをしていてはダメです。徹底した秘密主義[※1]では広がりがありません。

こうした敬いあう関係を構築するためのトリガーとなるのが、「明るいリーダー」です。仕事とは楽しくないとダメで、オープンイノベーションも楽しくないとダメだと思います。明るい場を作ることができるリーダーの能力が重要となります。

モノづくり企業は、協業相手から「この人と一緒にやりたい」と思わせるようなリーダーの育成に尽力すべきです。部下に「オープンイノベーションをやれ」と言いながら、あとは放置し、自分は何もやらないようなリーダーでは話になりません。

※１：ここで否定した秘密主義とはフルクローズを意味し、すべてをオープンにせよという意味ではなく、オープンの要素がなければ人はつながることができないという意味。

▼相手を信頼できるから、技術を信頼できる

信頼関係を構築するとは、相手から信頼を得ることであり、非常に難しいことです。だからこそ、最善を尽くすべきです。自分ができる最大限の策を講じるのです。

私が在籍したマクセル株式会社（旧日立マクセル）は、オーディオテープでは一世を風靡《ふうび》していましたが、ビデオテープでは後発でした。１９７１年に、ＶＨＳかベータかという家庭用ビデオテープレコーダーの規格争いが始まり、マクセルは１９７８年にＶＨＳ型ビデオテープを発売しました。

そして、付加価値で勝負しようと、メタル（純鉄）素材を使用した高性能の放送用ビデオテープを１９８９年に開発しました。性能の良さを放送業界の多くの人に理解していた

だきましたが、なかなか採用していただけませんでした。理屈では良いとわかっていても、採用するかどうかの判断は、理屈ではないわけです。

テレビ放送のカメラマンは、ほんの一瞬の出来事を記録するために何時間も現場で待つことがあります。そこまでして、もしテープの調子が悪くて記録できなかったらどうなるでしょうか。

先発メーカーのビデオテープを使用して、テープが不調で記録できなかった場合は「運が悪かった」となるのですが、〝実績がない〟マクセルのテープを使用して記録できなかった場合は、「なぜ、そんなテープを使用していたのだ」と叱られて、カメラマン人生が終わってしまうと言われました。信頼を勝ち取ることの難しさを痛感したものです。

どうしても信頼を得ることができず、やめようかと考えたこともありました。そんな時、1996年のアトランタ・オリンピックで、開会の約1週間前に大雨が降り、放送局のビデオテープでは映像が映らなくなる事態が起きました。そこで相談が来たのです。開会式まで約1週間しかありません。

当時、私は磁気テープを研究していて、ビデオデッキのヘッドの技術を知る努力をしていました。テープとヘッドの関係を熟知していたので、これは大雨が降って多湿になり、放送局の機材のヘッドが目詰まりして記録できなくなったのだと、すぐに気付きました。私はその日のうちに米国に飛び、現地でヘッドの目詰まりをクリーニングしたのです。今も残るアトランタ・オリンピックの映像は、私が目詰まりをクリーニングしたビデオヘッドで撮影されたものです。

要因を解明できていたのなら、電話で現地の人に指示すればいいという考え方もありますが、開会式まで1週間ほどしかなく、失敗は許されなかったため、最善を尽くすことを考えました。もし電話で指示してうまくいかなかった場合、そのミスを取り返す時間は残っていなかったのです。その時点で考えられる最善の策とは、現地に行って自分の手でクリーニングすることでした。

この時、アトランタ・オリンピックの放映権を持っていたNBCから大変感謝されました。この実績によってNBCの信頼を勝ち取り、マクセルのビデオテープが放送業界全体に採用されるきっかけになりました。相手の懐に飛び込み、最善を尽くす。できることはすべてやる。そうすることで、信頼という心に訴える価値を得たのです。

相手の信頼を勝ち取るということは難しいことですが、それを実現するのが「誠意の力」

と言えます。結局のところ、人間の信頼性なくして、技術の信頼を得ることはできません。信頼というのは人が中心なのです。

一線を踏み込んでこそ、強みが混ざりあいます。そうして「強み」と「強み」が混ざりあうことで、新たな強みやビジネスが生まれるのだと思います。秘密主義のもと、バリアを張っていたら信頼関係を得ることはできません。とことんやらなくてはいけないのです。秘密主義では勝てないでしょう。

オープンイノベーションは人間性でつながらない限り、良い仕事はできません。そうした場を作るのがリーダーの仕事であり、リーダーの人間性が重要になる理由です。現代のような先の見えない時代では、「敬い」が強みになり得るのです。

▼若い世代の人たちは、夢を持つべき

若いうちは、失敗して学ぶことも大事です。同じ失敗を繰り返してはいけませんが、とことんやって失敗し、自分の力を高めましょう。自らのエンジンを思いっきり吹かせてみることです。

そのためには、自らのゴールである夢を持つことです。吉田松陰の言葉とされるものに、「夢なき者に理想なし、理想なき者に計画なし、計画なき者に実行なし、実行なき者に成功なし。故に、夢なき者に成功なし」というものがあります。

夢を持ち、失敗してもいいからそれに向かってとことんやり、自分自身を高めていくことで、オープンイノベーションを成功に導けるような次世代のリーダーに育つはずです。

だからこそ、夢を持つべきなのです。

4-4 技術立国日本の復活に向けて

日本でオープンイノベーションがうまくいかない要因は、日本のモノづくり産業における問題の本質そのものと言えるかもしれません。

インタビュー内容にもあったように、すべてを自前で行うのではなく積極的に外部と連携するオープンイノベーションは歴史的必然であり、避けては通れません。その一方で、お互いに相手を敬い、学びあうオープンイノベーションを実践することは、日本のモノづくり企業の強みとなり得る可能性もあります。そして、そのために人材育成の心構えやプログラムを見直すべき時期に来ているというのが、有識者お二人の共通の意見です。

高度情報化社会、グローバル社会という進化と変化の速い世界的な競争激化の中で、諸外国のシステムやスキームと一線を画し、自前主義から脱却して仲間を集め、互いに「学び」「敬う」ことで新たな価値を創出していくことが肝要です。このモデルというのは、実は「三方良し」の哲学を有する近江商人や、匠のプロフェッショナルが互いに協力して作品やサービスを作り上げてきた日本の伝統工芸・伝統文化といった、昔ながらの日本的なビジネスモデルだったと言えるのかもしれません。

維新後の文明開化のもと、急速に欧米流の考え方や価値観を受け入れ、近代国家の道を歩み、敗戦後の激動期においても奇跡的な高度経済成長を遂げて、日本は先進国として登り詰めました。しかし、ここにきて少子高齢化という構造的課題を抱えつつ、全地球的課題にも対応する必要性に迫られています。

ここで改めて、海外から刺激を受ける形で取り入れたオープンイノベーションについて、いまだ多くの人の心に脈々と流れているはずの「日本の良さ」や「日本流」を見つめ直すことが求められています。それにより、技術立国と言われた日本の復活への道筋を見出し、世界が注目する冠たる地位を築くことができるのではないでしょうか。

あとがき

それは、ある晴れた日、未来社会のデザインとして建設が進む大阪・関西万博会場に近い事業所から、平安京のド真ん中であった京都の事業所へ列車で移動中のことでした。大阪ではユニバーサル・スタジオ帰りの笑顔いっぱいの家族連れ、京都では嵐山に向かう旅慣れたシニアのグループで、列車はいずれも異国と見間違えるほどの外国人で大混雑していました。その光景を見て、日本の何が外国人を惹き付けるのだろうと考えました。

大阪は、江戸時代には世界に先駆けてのコメの先物市場として賑わい、20世紀初めには東洋のマンチェスターと呼ばれた産業の一大集積地でした。千年の都の京都は、磨き抜かれ細部までこだわりのある伝統と、常に新しいものを取り入れる心意気があちこちで息づいています。特に京都は、あのアップルを生み出したスティーブ・ジョブズ氏が好み、製品やビジネスを構想するためのヒントを得ようと、たびたび訪れた場所であることを思い出しました。

こだわりや本物、それを師匠や先輩から学び、お客様を敬いながら作り込んでいく。最近の日本人は、そんな日本流のモノづくりの素晴らしさを忘れていますが、それは世界を魅了するものになるはずです。この日本流のモノづくりは、「これからのオープンイノベーション」に通ずる大切なものだと感じた瞬間でした。

古庄氏と執筆を進めていく中で意識したことは、異なる考え方から学ぶことの意義や価値を示すため、技術ジャンルだけでなく、様々な目線の人たちのモノの見方と考え方を入れて組み合わせることでした。

経営層から研究開発マネジメント層、研究開発の実務に携わる方、製品・サービスから対価を得るモデルを創る事業開発の担当者、モノづくりにおける技術資産の価値形成を支える知的財産部門の方、第三者目線でオープンイノベーションを支援されるコンサルタントなど、多様な職種の人の目線を入れて組み合わせ、新たな価値を創造するための勘所は何かということにこだわりました。

そうして日本流のオープンイノベーションとは何かを突き詰めていく中で、「学びあう」、そのために「敬いあう」ことが、新たなビジネスを生み出す起点になると明らかになってきました。

筆者が在籍しているＫＲＩは、35年以上にわたり受託研究の事業を続けてきました。受託研究という立ち位置ながら、受け身ではなく、ヒマラヤ登山のナビゲータで、山を知り尽くし、登山家を安全に確実に山の頂へと案内するシェルパのような存在でありたいと、強く意識しています。

そして、シェルパのような研究パートナーとして、日本のモノづくりをはじめとする産業復活の一役を担いたいという思いを新たにし、本書の執筆を締めくくることにします。

株式会社ＫＲＩ　代表取締役社長

川崎真一

参考資料

【第1章】

- 『オープンイノベーション』ヘンリー・チェスブロウ編著、長尾高弘訳（2008年／英治出版）
- businesswire「ジプトロニクス、裏面照射型イメージセンサーで業界一の低歪特性を達成」（2011年11月2日）
  https://www.businesswire.com/news/home/20111102005039/ja/
- Yole Intelligence「Status of the CMOS Image Sensor Industry 2023 report」（2023年）
  https://news.mynavi.jp/techplus/article/20230726-2735246/images/002l.jpg
- EE Times Japan「首位ソニーが3年ぶりシェア拡大、2022年CIS市場」永山準（2023年7月27日）
  https://eetimes.itmedia.co.jp/ee/articles/2307/27/news084.html
- 「比較経営検証：日本のものづくり-三菱スペースジェットとホンダジェット-」江崎康弘（『経営センサー』2021年12月号／株式会社東レ経営研究所）
  https://www.tbr.co.jp/info/article.html?contentId=3izhk15k2od
- 「第1部第1章第3節　市場の変化に応じて経営革新を進め始めた製造企業」（『2016年版ものづくり白書』経済産業省）
  https://www.meti.go.jp/report/whitepaper/mono/2016/honbun_pdf/index.html
- Harvard Business Review「Perfecting Cross-Pollination」Lee Fleming（2004年9月）
  https://hbr.org/2004/09/perfecting-cross-pollination
- EE Times Japan「『ソニーの裏面照射型CMOSセンサーにも採用』、酸化膜接合の新技術のインパクトとは!!」前川慎光（2011年11月16日）
  https://eetimes.itmedia.co.jp/ee/articles/1111/16/news022.html
- 「hitoe®」－異業種ならではの協業が成功に導いた生体情報測定機能素材（NTT研究開発）
  https://www.rd.ntt/ntt-tec/special/hitoe/
- 『プロフェッショナルの条件』P.F.ドラッカー著、上田惇生編訳（2000年／ダイヤモンド社）

【第2章】

- 財務省法人企業統計調査（2022年度）
  https://www.mof.go.jp/pri/reference/ssc/results/r4.pdf
- ミネベアミツミ株式会社HP　沿革
  https://www.minebeamitsumi.com/corp/company/aboutus/history/
- 「ミネベアミツミ統合報告書2023」（知的資本・P52）
  https://www.minebeamitsumi.com/corp/investors/disclosure/integrated_report/a2023/

- 「元祖"買収王"ミネベア、ミツミ統合の狙い」（『週刊東洋経済』2016年1月17日）
https://toyokeizai.net/articles/-/99905
- 「実は5度目の挑戦だった『セブンカフェ』。その試行錯誤・仮説検証の歴史を調べてみた」永井孝尚（オルタナティブ・ブログ「永井経営塾」2014年1月12日）
http://blogs.itmedia.co.jp/mm21/2014/01/5-322b.html
- 「今までにない"調理家電"を作れ!～フィリップス…シャープ…開発の裏側～」（テレビ東京「ガイアの夜明け」2014年6月10日）
- ユニ・チャームとヨネックスの共有特許権-特許5539757号「プロテクタ」
- 「12mの高さから落とした生卵が、割れずに6m以上跳ね返る『パワークッション®プラス』搭載」（ヨネックスWALKING NEWS／2019年8月22日）
https://www.yonex.co.jp/sp/walk/news/2019/08/1908221100.html
- 「＜LIXILとローランドが共同開発＞「音」にこだわったトイレ用音響装置を発売」（ローランドHPニュースリリース／2018年1月30日）
https://www.roland.com/jp/news/0788/
- 「未来パーソナルモビリティ"i-unit"」トヨタ自動車（株）細川光典（KRIニュースレター2003）
- 関西学院大学 丸ノ内講座 2019年度後期特別企画・新規事業開発実践塾「技術的強みを活かして異業種の新業態に挑戦した中小企業のケース～なぜ自動車部品メーカーの横山興業株式会社がカクテルシェーカー"BIRDY."を開発したのか～」（講師：古庄宏臣）
- 『知的財産戦略』丸島儀一著（第7章：アライアンス戦略／2011年／ダイヤモンド社）
- 『活学講座』安岡正篤著（2011年／致知出版社）
- 『人を動かす』D・カーネギー著、山口博訳（2016年／創元社）

【第3章】

- 「おじいちゃんのノート　中村印刷所」（テレビ大阪「日経スペシャル 夢織人～小さなトップ企業～」2016年9月8日）
https://www.tv-osaka.co.jp/ip4/yumeshokunin/onair/
- 関西学院大学 丸ノ内講座 2019年度後期特別企画・新規事業開発実践塾「旧態依然の組織風土を変えた新規事業開発による組織進化のケース～セーレン株式会社 川田達男氏が挑戦しているものは何なのか～」（講師：古庄宏臣）
- 『希望の共有をめざして：セーレン経営史』セーレン株式会社（編纂・発行／2015年）

【著者略歴】

古庄宏臣（ふるしょう・ひろおみ）

知財務株式会社 代表取締役
1989年大阪工業大学卒業、大阪ガス株式会社入社。導管設計、事業計画、情報システム開発、知的財産業務に従事。特に知的財産を活かしたオープンイノベーションを推進した。2006年同社を退社して現職。企業が有する知的財産を既存事業とは異なる業界の新規用途に転用することを提案、新規事業開発の支援を数多く手がける。2013年より関西学院大学 専門職大学院 経営戦略研究科 兼任講師も務め、知的財産戦略を教える。
主な著書：『巨大企業に勝つ5つの法則』（2010年、共著、日経プレミアシリーズ）

川崎真一（かわさき・しんいち）

株式会社 ＫＲＩ 代表取締役社長／博士（工学）
京都大学大学院工学研究科修了。1989年大阪ガス株式会社入社。エレクトロニクス、エネルギー・環境等の領域で主に材料分野の新技術の研究開発に従事。開発品の事業化による新規事業創出も担務。2020年より現職。出願特許は500件以上。京都工芸繊維大学 特任教授、シニア・フェローを歴任。
主な著書：『長もちの科学』（2015年、京都工芸繊維大学 長もちの科学研究センター編、共同執筆、日刊工業新聞社）など

学びあうオープンイノベーション

新しいビジネスを導く「テクノロジー・コラボ術」

2024年3月14日　1版1刷

著　者　古庄宏臣、川崎真一
発行者　國分正哉
発　行　株式会社日経BP
　　　　日本経済新聞出版
発　売　株式会社日経BPマーケティング
　　　　〒105-8308　東京都港区虎ノ門4-3-12
装　丁　三木和彦
DTP　有限会社マーリンクレイン
印刷・製本　三松堂株式会社

ISBN978-4-296-12279-0　Printed in Japan